Ursula Richter, geboren in Rosenburg, damals Oberschlesien, lebt seit vielen Jahren in Hamburg. Die ehemalige NDR-Redakteurin gibt seit fast zwanzig Jahren die «Weihnachtsgeschichten am Kamin» bei rororo heraus, deren Gesamtauflage bei über einer Million Exemplaren liegt.

Gudrun Reher, 1950 in Hamburg geboren, hat nach langjähriger Arbeit im sozialpädagogischen Bereich ein Jurastudium absolviert. Seit 1993 ist sie als freie Journalistin und Autorin u. a. mit Beiträgen für den Norddeutschen Rundfunk/Fernsehen tätig.

Ursula Richter und Gudrun Reher haben «Das große Rowohlt Weihnachtsbuch» (rororo 22677), «Das Buch der Hundertjährigen» (rororo 22676) und «Romantische Weihnachtsgeschichten am Kamin» (rororo 23307) herausgegeben.
Von Gudrun Reher ist im Rowohlt Taschenbuch Verlag «Megaperlen. Von der Lebenslust der pfundigen Frauen» (rororo 22924) erschienen.

Weihnachtliche Klostergeschichten

Mit Rezepten aus der Klosterküche

Gesammelt von
Ursula Richter und *Gudrun Reher*

Rowohlt Taschenbuch Verlag

Originalausgabe
Veröffentlicht im Rowohlt Taschenbuch Verlag GmbH,
Reinbek bei Hamburg, November 2003

Umschlaggestaltung any.way, Andreas Pufal
(Foto: Schapowalow)
Satz aus der Fairfield PostScript,
QuarkXPress 4.1, bei KCS GmbH, Buchholz/Hamburg
Druck und Bindung Clausen & Bosse, Leck
Printed in Germany
ISBN 3 499 23489 0

Die Schreibweise entspricht den Regeln
der neuen Rechtschreibung.

Inhalt

Gudrun Reher

«Christus ist auch in der Küche, mitten unter den Kochtöpfen»

Teresa von Ávila, Ordensgründerin der Karmelitinnen

Klöster sind ein Thema. Gerade in diesem Jahr 2003. Der Anlass ist die so genannte Säkularisierung vor genau 200 Jahren. 1803 sind viele Klöster geschlossen worden, eine staatlich verordnete Aufhebung des geistlichen Besitzes begründete den Niedergang der Klöster. Es habe in vielen Stiften, Abteien und Klöstern schlecht um das geistige Leben, die Disziplin, die wirtschaftliche Lage und das Personal gestanden, heißt es in diversen zeitgenössischen Berichten. Einige Klöster waren geschützt, wie zum Beispiel das älteste Frauenkloster des Zisterzienserordens in Deutschland, St. Marienthal, gelegen im Dreiländereck Deutschland, Polen und Tschechien. Dieses Kloster wurde durch einen verbrieften und vertraglichen Schutz durch das sächsische Königshaus vor der Säkularisation bewahrt. Aber das war eine Ausnahme, und die vielerorts betriebene Enteignung hatte verheerende Folgen, da die Klöster und Stifte bis dahin außerordentlich wichtige Leistungen erbracht hatten: Kranken- und Altenpflege, Fürsorge für die Armen, Seelsorge, aber auch die Vermittlung von Bildung, angefangen in der Elementarschule über die Universität bis hin zur Forschung. Natürlich lagen in den Klöstern enorme Kenntnisse versammelt, Wissen um Dinge, die außerhalb ihrer Mauern kaum bekannt waren.

Dem Datum der Säkularisation Rechnung tragend, öffnen sich jetzt viele Klostertüren. Auch traditionelle Pilgerwege

– wie in Bayern «Wege zu Klöstern» – werden medien- und touristenwirksam wieder entdeckt. Wieder zu entdecken gilt es auch die vielen Fähigkeiten und Künste der Klosterfrauen und Klostermänner.
Ganzheitlich umfasste häufig schon vor langer Zeit ihr Blick das Leben, so auch jenes hinter den Mauern. Es darf nicht verwundern, dass in Klöstern, an Orten der Ruhe und Stille und häufig abseits der großen Straßen, die Quellen unserer Esskultur liegen. Die Gründe liegen auf der Hand: Die Klöster des Mittelalters besaßen häufig die besten Zutaten aus eigenem Anbau. Auf riesigen Ländereien wirkten die Mönche als Bauern und Viehzüchter, Gärten mit Gemüse, Kräutern und Obst wurden professionell bearbeitet, das Wissen um Zucht und Veredelungen war vorhanden. Und die Frauen und Männer der Orden waren beileibe nicht weltfremd. Nur scheinbar isoliert lebten sie hinter den Mauern, ihre Ohren und Augen waren – und sind auch heute, wie dieses Buch zeigt – immer am Puls der Zeit. Wahre Netzwerke der Information und Versorgung spannten sich länderübergreifend, ja weltweit zwischen den Klöstern.

Da ist zum Beispiel die heiße Schokolade, dieses köstliche braune Getränk aus der südamerikanischen Kakaobohne, das im 16. und 17. Jahrhundert auch die Geschmacksnerven der Europäer begeisterte. In Guatemala fanden Klosterköche heraus, wie man aus dem bisher nur flüssigen Genuss eine feste Masse herstellen konnte. Damit war die Schokolade konserviert und die Schokoladentafel erfunden. Die Jesuiten betrieben einen schwunghaften Handel mit dem süßen Gut, nie zogen sie in Zweifel, dass die nahrhafte Speise auch für die Fastenzeit geeignet sei. Ganz im

Gegensatz zu den puritanischen Dominikanerbrüdern, die ein Verbot forderten – sie handelten ja auch nicht mit diesem Rohstoff …
Für Außenstehende umgibt das Kloster immer eine Aura des Geheimnisvollen. Dass Klöster aber auch Orte der Lebensfreude, des Genusses sein können, beschreibt Jean-Anthelme Brillat-Savarin in seinem Lebenswerk, das kurz vor seinem Tod 1825 veröffentlicht und bis zum heutigen Tag mit großem Erfolg mehrmals nachgedruckt wurde. Ein «Kochbuch» der besonderen Art, ein Klassiker der Feinschmeckerei. Brillat-Savarins Beschreibung eines Tages als Gast in der Bernhardiner-Abtei Saint-Sulpice hat uns als Herausgeberinnen zur Arbeit an diesem Buch motiviert.

«Wir kamen bei Tages Anbruch an und wurden von dem Pater Küchenmeister empfangen, aus dessen viereckigem Gesicht die Nase wie ein Obelisk herausstand.
‹Willkommen, Ihr Herren›, sagte der gute Pater, ‹unser verehrungswürdiger Abt wird über die Nachricht von Ihrer Ankunft hocherfreut sein. Er liegt noch zu Bett, weil er sich gestern sehr anstrengen mußte; aber kommen Sie bitte mit, auf daß Sie sich überzeugen können, ob man Sie erwartet hat.›
Also sprach er und setzte sich in Bewegung; wir folgten ihm in der nicht unbegründeten Annahme, daß er uns in das Refektorium führen würde.
Hier wurden alle unsere Sinne durch den Anblick eines höchst verführerischen, wahrhaft klassischen Frühstücks gefangen genommen.
Inmitten einer geräumigen Tafel erhob sich eine Pastete, so groß wie eine Kirche; an sie lehnte sich auf der Nordseite ein kaltes Kalbsviertel und im Süden ein Riesenschinken, während im Osten gleich einem Monument ein Butterklumpen emporragte und

die Westseite durch einen Scheffel Artischocken in Pfeffertunke ausgefüllt wurde ...
Das Mittagessen war ganz im Geschmack des 15. Jahrhunderts; wenig Zwischengerichte, wenig Überflüssiges, dafür aber eine tadellose Auswahl von Fleischgerichten, einfachen, gehaltvollen Ragouts, kurz, eine gute, vortrefflich zubereitete Küche; besonders aber gab es Gemüse von einem in den Niederungen ungeahnten Wohlgeschmack, so daß Wünsche nach nicht Vorhandenem gar nicht aufkommen konnten.
Übrigens wird man einen Begriff von dem Überfluß, der an diesem lieblichen Orte herrschte, bekommen, wenn ich verrate, daß man beim zweiten Gang nicht weniger als vierzehn verschiedene Bratengerichte auftrug.»

Brillat-Savarin betont zum Abschluss noch einmal die historische Wahrhaftigkeit dieses lukullischen Ausflugs zu den Geschorenen. Bemerkenswert an diesem «Kochbuch-Autor» ist, dass er erstmals auch Zusammenhänge von Nahrung mit der Chemie, Physik, Medizin und Anatomie beschreibt.

Die entscheidende Rolle der Klöster für die Entwicklung der Lebens- und Genussmittel wird auch dadurch deutlich, dass im 11. Jahrhundert die irischen Mönche erstmals begannen mit Whiskey zu handeln. Die schottischen Brüder setzten ihre speziellen Kenntnisse um den Alkohol, erworben während der Kreuzzüge gegen die Araber, ebenso gekonnt um. Und wer baute die Weinreben in Europa an, gärte den edlen Saft der Trauben, um Liköre herzustellen? Keine Frage, es waren die Mönche.
Annelore Reikowski, die heute in Pfaffing am Kellerberg lebt und von sich schreibt, dass sie schon ziemlich alt sei, erzählt: «Meine Kindheit und Jugend verbrachte ich in ei-

nem kleinen fränkischen Dorf – Astheim bei Volkach an der Mainschleife. Dort steht die Kartause Marienbrück – seit einigen Jahren sehr gut renoviert und sehenswert. Bei uns gab es oft *Kartäuserklöße* mit Wein- oder Vanillesoße. Es hieß, die Rezepte stammten von den Mönchen, die auch Weinbau betrieben.»

Kartäuserklöße

Für die Kartäuserklöße von der Mainschleife reibt man

4 altbackene Semmeln

ab und viertelt sie.

2 Eier, 2 EL Zucker

und

1 Messerspitze Zimt

in

1/4 l Milch

schlagen, die Semmelteile darin aufweichen. Wenn sie gut durchgeweicht sind, mit dem abgeriebenen Semmelmehl panieren und in einer Stielpfanne in Butter rundum backen.

Dass auch das zweite Rezept, aufgeschrieben von Annelore Reikowski, von den Kartäusermönchen des heiligen Bruno von Köln (1032–1101) in Volkach stammt, ist eher unwahrscheinlich, aber vielleicht ist die eine oder andere Zutat Gotteswerk: ***Rezept für ein gutes neues Jahr!***

Man nehme: *12 Monate* – putze sie sauber von *Bitterkeit, Geiz, Angst und Neid*, zerlege jeden Monat in 30 oder 31 Teile, sodass der Vorrat genau für 1 Jahr reicht. Es wird jeder Teil einzeln angerichtet: aus *1 Teil Arbeit* und *2 Teilen Frohsinn und Humor*. Dann füge man *3 EL Optimismus, 1 TL Toleranz, 1 Körnchen Ironie, 1 Prise Takt und 1 g Gottvertrauen* hinzu. Nun wird die Masse sehr reichlich mit Liebe übergossen. Das fertige Gericht schmücke man mit einem *Sträußlein kleiner Aufmerksamkeiten* und serviere es täglich mit *Heiterkeit* und *einem passenden Lied*. Dazu gehört *1 Glas guter, würzige Wein …*

Zwei volkstümliche Redensarten seien hier erwähnt, um deutlich zu machen, dass die Menschen zusätzlich zu dem Körnchen Ironie auch mit Spott gesegnet waren. «Fett wie ein Mönch, trinken wie ein Templer, bechern wie ein Malteser, bezecht wie ein Franziskaner.» Und: «Trinken wie die Kapuziner heißt sich bescheiden; trinken wie ein Zölestiner heißt, keinen Durst zu erleiden; trinken wie ein Jakobiner heißt Schoppen auf Schoppen, doch trinken wie ein Franziskaner legt jeden Keller trocken!»
Aber heißt es nicht auch, wer guten Wein trinkt, der sieht Gott?
In einem der berühmtesten Klöster Deutschlands, dem Bayerischen Benediktinerkloster Andechs, jedenfalls muss man sich keine ernsthaften Gedanken mehr um das Wohl der Besucher machen. Zellerar und Prior Pater Anselm Bilgri auf dem heiligen Berg vor den Toren Münchens hat eine besondere Mönchskarriere gemacht, für einen Münchner Wirtssohn tatsächlich auch irgendwie geradlinig. Unser Buchcover zeigt das Kloster Andechs, und für die erste Geschichte ist Angelika Gardiner auf den heiligen Berg gestiegen.

Gudrun Reher

Angelika Gardiner

Seelenheil und Lebensfreude

Kloster Andechs bei München: der heilige Berg der Bayern

Der schnauzbärtige Lederhosenmann schiebt seinen Filzhut mit ungläubigem Gesichtsausdruck in den Nacken. «Ja, san Sie ganz aloanigs da?», fragt er kopfschüttelnd und nimmt einen Schluck aus seinem halb vollen Maßkrug. Seine Begleiterin schiebt dem unbekannten Gast, der sich da auf den letzten freien Stuhl am Tisch gequetscht hat, einen Teller mit hauchdünn geschnittenen Rettichspiralen hin, «zum Probier'n», wie sie mit einladender Handbewegung sagt. «Aloanigs» heißt auf Hochdeutsch «allein» und ist ein Zustand, der im Andechser Bräustüberl nur ungern geduldet wird. Wer auf den heiligen Berg der Bayern pilgert, sucht in aller Regel nicht etwa stille Einkehr, sondern Geselligkeit bei Bier und Brotzeit. Die meisten Münchner oder Augsburger, die mit ihren Lieben einen gemütlichen Nachmittag in Andechs verbringen wollen, erarbeiten sich ihren Durst zu Fuß von Herrsching am Ammersee aus. Eine gute Stunde wandert man von der S-Bahn-Station bergauf durch das waldbestandene Kienbachtal, bis die Klostermauern durch die Bäume schimmern. Und dann dieser Panorama-Blick vom Klosterberg nach Süden: die Alpenkette bis zur Zugspitze, etwas östlicher die hügelige Moränenlandschaft des Voralpenlandes mit Wäldern, Wiesen und stattlichen Bauernhöfen – Bayern wie aus dem Bilderbuch.

Im berühmten Bräustüberl trifft sich, auch wenn es einfach und häufig nicht gerade leise zugeht, der gesamte bunte

Querschnitt der Gesellschaft. Bier und Romadur, Brezeln und Leberkäse holt man sich selbst. Niemand hat etwas dagegen, wenn Wanderer ihr mitgebrachtes Wurstbrot auspacken, und in der Weihnachtszeit kommt es durchaus vor, dass sich ein Gast zum Bier eine Adventskerze auf den Wirtshaustisch stellt. Selbst Wallfahrer, die sich dem «Mons Sanctus» in frommer Absicht nähern, haben weltliche Genüsse im Sinn. Zumindest nach der Andacht muss auch den irdischen Freuden gehuldigt werden. Bei gewöhnlichen Andechs-Ausflüglern verhält es sich eher umgekehrt: Erst kommen Speis' und Trank – und dann vielleicht gar nichts mehr. Allenfalls wenn in den Wirtsstuben oder auf den Terrassen beim besten Willen kein Platz mehr zu finden ist – an einem sonnigen Feiertag kommen bis zu zehntausend Besucher nach Andechs –, geht man schnell mal nebenan in die Klosterkirche und schaut mehr oder weniger fachmännisch nach, wie weit die seit Jahren andauernde Renovierung der Stuckdecken und Rokokoverzierungen inzwischen gediehen ist. Der gemeine Oberbayer, soweit er katholisch ist, hat ein unsentimentales Verhältnis zu seinem Herrgott. Am liebsten behandelt er ihn wie einen, der halt auch zur Familie gehört. Und da kontrolliert man schon mal, ob er ordentlich untergebracht ist.

Vielleicht ist es diese pragmatische Gottesbeziehung der Altbayern, die den Benediktinermönchen von St. Bonifaz in München für ihr Kloster Andechs den Leitspruch «Genuss für Leib und Seele» eingab. Aber auch schon der heilige Benedikt, der Ordensgründer, wollte aus seinen Mönchen keine Hunger leidenden Asketen machen. Wurst und Käse, Joghurt und Butter aus Andechs haben weit über die Grenzen Bayerns hinaus einen hervorragenden Ruf, die Münchner Hofpfisterei verwendet für ihr berühmtes Brot das Getreide, das auf den klostereigenen Feldern um Andechs angebaut wird. Bier hat zwar heute nicht mehr den jahrhundertelang gültigen Status eines bayerischen Grundnahrungsmittels, aber in Andechs gehört es nicht bloß aus Traditionsgründen zur klösterlichen Produktpalette. Die sieben Andechser Biersorten werden nicht nur vor Ort ausgeschenkt, sondern finden sich heute selbst in norddeutschen Getränkemärkten. Benediktiner sind kein Bettelorden, sondern sie müssen den ihnen anvertrauten Besitz aus eigener Kraft versorgen und unterhalten. Das kostet viel Geld, und die richtige Balance zwischen Seelsorge, Gastlichkeit und Gewinnstreben war und ist immer wieder Diskussionsstoff im Kloster.

Neben dem Seelenheil war das leibliche Wohl den Benediktinern immer wichtig, ebenso die Gastfreundschaft. «Alle Fremden, die kommen, sollen aufgenommen werden wie Christus», lautet eine der Ordensregeln. Und da ist es doch klar, dass man sich nicht lumpen lässt und beim Essen und Trinken beste Qualität auf den Tisch bringt. Die immer wieder aufgeworfene Frage, ob sich Mönche nicht schuldig machen, wenn sie durch ihr Bier möglicherweise den Alkoholismus fördern, ist für Pater Anselm Bilgri, Prior und Zellerar von Kloster Andechs, eindeutig geklärt: «Darauf haben die Benediktiner zwei Antworten. Zum einen verweisen sie auf den heiligen Augustinus, der gesagt hat, der Sinn des Christenlebens bestehe darin, Gott zu genießen. Das Bier ist letztendlich eine Gabe Gottes, auch wenn sie der Mensch mit seiner Hände Arbeit geschaffen hat. Und was Gott uns gegeben hat, das dürfen wir zur rechten Zeit auch guten Gewissens genießen ... Man sollte also den Alkohol nicht verteufeln, auch wenn er seine Gefahren birgt. Für den rechten Gebrauch – und das ist die zweite Antwort –

kommt es auf den Begriff Genießen an. Genießen kann nur, wer nüchtern bleibt, wer Übermaß und Unmaß vermeidet. Und nur in diesem Sinn kann auch das bewusste Trinken oder Nicht-Trinken von Bier echte Dankbarkeit gegenüber Gott für seine Gaben bedeuten.»

Immerhin ist das Andechser Bier, von dem jedes Jahr rund 90 000 Hektoliter gebraut werden, so verführerisch süffig, dass sich die Mönche vor etlichen Jahren zu zwei erzieherischen Maßnahmen genötigt sahen: Grundsätzlich werden um 20 Uhr die letzten Gäste mehr oder weniger deutlich gedrängt, ihre Zeche zu begleichen und nach Hause zu fahren. Die Mönche wollen ihren benediktinischen Lebensrhythmus nicht den Konsumwünschen ihrer Gäste unterwerfen, auch wenn das manche Touristen nicht recht verstehen. Außerdem wird an den Sommer-Wochenenden der besonders beliebte, aber auch besonders starke Doppelbock nicht mehr ausgeschenkt. Der trinkt sich nämlich so samtig weich, dass in der Vergangenheit mancher Andechs-Pilger ziemlich bald den Überblick über seinen Bierkonsum verloren hat. Pater Anselm Bilgri, Verfasser vieler Bücher über den heiligen Berg, berichtet dazu: «Die Erfahrung früherer Jahre hat gezeigt, dass nicht jeder Gast in der Lage ist, mit Alkohol richtig und verantwortungsbewusst umzugehen. Beide Entscheidungen wurden unter den Mönchen durchaus kontrovers diskutiert, denn sie kosten mit Sicherheit bares Geld, das dem Konvent entgeht, weil er die Chance zu mehr Umsatz bewusst nicht nutzt.»

Zu einer ordentlichen Wallfahrt haben auch in vergangenen Jahrhunderten leibliche Genüsse gehört. Das war schon so, als im Jahr 1128 die ersten Gläubigen nach Andechs pilgerten, um dort die Reliquien zu verehren, die der Dießen-Andechser Graf Rasso von einer Pilgerfahrt ins

Heilige Land mitgebracht hatte. Nachdem die Wittelsbacher im Jahr 1247 die Burg Andechs erobert hatten, blieb der Reliquienschatz zunächst verschwunden. Erst 160 Jahre später entdeckte ein Pater während der Messfeier in der Burgkapelle eine Maus, die aus einer Ritze zwischen den Altarstufen mit einem Stück Pergament hervorkam. Darauf war eine der verloren geglaubten Reliquien verzeichnet. Der Mönch unterrichtete die bayerischen Herzöge von dem Fund. Die Herren kamen persönlich nach Andechs, ließen den Boden im Gotteshaus aufgraben – und stießen auf eine eisenbeschlagene Truhe, in der unter anderem das Siegeskreuz von Karl dem Großen, (angebliche) Zweige der Dornenkrone Christi und die in das Brautkleid der Heiligen Elisabeth gewickelten Bleikapseln mit den Drei Heiligen Hostien aufbewahrt waren. Die Bayernherrscher nahmen ihren Fund zunächst mit nach München und gaben ihn erst nach und nach wieder zurück.

Jahrhundertelang pilgerten ganze Dorfgemeinschaften aus dem schwäbisch-bayerischen Voralpenland nach Andechs, um Schutz vor Hagel und Missernten oder Heilung schwerer Krankheiten zu erbitten. Der Andechser Reliquienschatz zog nicht nur Wallfahrer an, er galt den Bayernfürsten auch als Beleg für ihr Gottesgnadentum. Um die Mitte des 15. Jahrhunderts beschloss Herzog Albrecht der Fromme, Andechs zum Hauskloster der Wittelsbacher zu machen. 1455 trafen die ersten sieben Benediktinermönche aus Tegernsee auf dem markanten Berg südwestlich von München ein. Sie brachten die Kunst des Bierbrauens mit, legten eine Bibliothek mit wertvollen Handschriften an und widmeten sich den Naturwissenschaften, den schönen Künsten, der Theologie und Philosophie. Entsprechend wurde die Klosteranlage umgebaut, erweitert und immer wieder modernisiert. Zum 300-jährigen Gründungsjubiläum holte Abt Bernhard Schütz die besten Meister des Rokoko, um die dem heiligen Nikolaus geweihte Kirche zu jenem «himmlischen Festsaal» umzubauen, der heute noch die Besucher entzückt. «Die Andechser Kirche, eine wohl einmalig geglückte Verwandlung einer spätgotischen Hallenkirche in einen schwingenden, intimen, festlichen Rokokoraum, hat etwas Musikalisches an sich», schwärmt Abt Odilo Lechner. Ganz nebenbei wurde Kloster Andechs auch so etwas wie ein Stuck-Museum. Wer entdecken will, wie sich die Kunst der Stuckateure entfaltet hat, findet innerhalb des Klosters sämtliche Entwicklungsstufen.

Die Säkularisation im Jahre 1803 bedeutete auch für Andechs vorübergehend das Aus. Auf Erlass der Regierung in München mussten fast alle Mönche das Kloster verlassen. Ihr enteigneter Besitz wechselte in wenigen Jahren mehrmals den Eigentümer, bis ihn im Jahr 1846 König Ludwig I. von Bayern kaufte. Er schenkte das Kloster dem neu gegründeten Benediktinerstift St. Bonifaz in München als Versorgungsgut, außerdem richtete er in Andechs ein Institut zur Erziehung von Kindern und Jugendlichen ein.

Den eigentlichen Aufstieg zum bayerischen Mythos brachte die zweite Hälfte des 20. Jahrhunderts. Nachdem Andechs während des Zweiten Weltkriegs hauptsächlich zur Auslagerung von Münchner Kunstschätzen gedient hatte, wollte Abt Hugo Lang das Kloster wieder zu einem religiös-kulturellen Mittelpunkt machen. Heute kommen jedes Jahr an die 1,5 Millionen Besucher nach Andechs, und das nicht nur wegen der Gastronomie. In der berühmten und geliebten Kirche wird getauft, geheiratet und gebeichtet. Auf dem heiligen Berg finden zu jeder Jahreszeit festliche Konzerte statt. Der Komponist Carl Orff, der ganz in der Nähe am

Ammersee lebte, ist im Kloster beigesetzt. Ihm zu Ehren gibt es neuerdings jeden Sommer ein Carl-Orff-Festival, bei dem seine Musik- und Sprechtheater im umgebauten Florian-Stadl aufgeführt werden. Andechser Tagungen, Kolloquien und Seminare befassen sich mit Fragen der Zeit. Jugendliche und erwachsene Männer können einige Tage oder auch Wochen zu Gast im Kloster sein, um «wie die Mönche» zu leben. Pater Anselm Bilgri: «Es ist eine ganz unkomplizierte Art der Gastlichkeit, die hier angeboten und gern angenommen wird. Die Schwellenangst, die heute sonst vorherrscht bei der Berührung mit kirchlichem und religiösem Ambiente, fehlt in Andechs völlig. Auch ein eher zufällig durch das Bräustüberl gehender Mönch wird mit Wohlwollen und Respekt betrachtet, freundlich eingeladen auf ein Wort am Biertisch. Nicht selten ergeben sich dabei tiefe Gespräche über Gott und die Welt, die eigenen Probleme werden plötzlich klein und unbedeutend, und trotz des Bierdunstes klärt sich der Blick für mögliche Lösungen.»

*

Wo Tafelfreuden einen so zentralen Platz einnehmen, sind auch die entsprechenden Kochrezepte nicht weit. Was sich mit Bier alles machen lässt, hat Pater Anselm Bilgri mehrfach beschrieben. Wer hätte zum Beispiel gedacht, dass sich ein köstliches Menü komponieren lässt, bei dem kein Gang ohne Bier auskommt – nicht als Begleitgetränk, sondern als wichtige Zutat! Die folgenden Rezepte für jeweils vier Personen stammen aus dem Andechs-Kochbuch von Pater Bilgri, «Geheimnisse der Klosterbrauerei» (Sankt-Ulrich-Verlag):

Benediktinersuppe

1 mittelgroße Forelle
1 Hand voll glatte Petersilie
1 kleine Zwiebel
30 g Butter
250 ml helles Bier
375 ml entfettete Hühnerbrühe
125 ml Rahm (süße Sahne)
3 EL Sauerrahm
8 Weißbrotscheiben
30 g Butter
2 EL frisch geriebener Parmesan
Zucker
Salz

Die Forelle filettieren, Gräten mit einer Pinzette auszupfen und die Filets in Würfel schneiden. In einem mittelgroßen Topf die Butter zerlassen, die gehackte Zwiebel sowie die Fischreste samt Kopf und Gräten zugeben, mit Bier und Hühnerbrühe aufgießen und fünf Minuten köcheln lassen.
Inzwischen die halbierten Weißbrotscheiben in der restlichen Butter goldbraun rösten, den Parmesan darüber streuen und beiseite stellen.
Die Brühe durch ein feines Sieb in einen Topf gießen. Bei mittlerer Hitze die Fischwürfel einlegen, die gehackte Petersilie, Rahm und Sauerrahm zugeben. Mit Salz und Zucker abschmecken.
Auf vorgewärmte Teller schöpfen und je zwei Weißbrotscheiben auf die Suppe geben.

Wildschwein in Bier

1 kg Wildschweinkeule
1 EL Estragonsenf
125 g fetter Speck
2 Zwiebeln
1 gelbe Rübe (Möhre)
3/8 l Fleischbrühe
1/4 l Malzbier
2 EL Mehl
1 EL Preiselbeergelee
4 Wacholderbeeren
Zitronensaft
Salz
Pfeffer

In einem Mörser oder auf einem Holzbrett die Wacholderbeeren mit Salz und Pfeffer zerdrücken, mit dem Senf vermischen und damit das Fleisch einstreichen. In einem Bräter den fein gewürfelten Speck auslassen und darin das Fleisch anbraten, klein geschnittene Zwiebeln und die gelbe Rübe in kleinen Stücken zugeben. Mit der Fleischbrühe und dem Malzbier aufgießen und bei kleiner Hitze gar schmoren. Die Soße durch ein Sieb streichen, das in etwas Wasser glatt gerührte Mehl zum Binden einrühren, aufkochen und mit Zitronensaft und Preiselbeergelee abschmecken.

Bierwindbeutel mit Topfenfülle

150 ml Weizenbier
150 g Butter
150 g Mehl
3 Eier
300 g Topfen (Quark)
100 g Honig
70 g Schlagrahm
Vanillezucker
etwas abgeriebene Zitronenschale
Mandelaroma
Salz

Bier mit einer Prise Salz und der Butter aufkochen lassen, das Mehl auf einmal hineinschütten und gut durchrühren, bis sich ein Knödel bildet. Wenn sich der Knödel vom Topfboden gelöst hat, den Teig in eine Schüssel geben, ein Ei sofort unterrühren. Masse auskühlen lassen und die restlichen Eier unterrühren.

Mit dem Dressiersack kleine Windbeutel aufs Backblech spritzen, bei 220 Grad goldgelb backen. Für die Fülle den Topfen mit allen anderen Zutaten gut durchschlagen und die Windbeutel damit füllen.

Hanjo Seißler

«Wir sind freiwillig – um Gottes Willen – in der Gefangenschaft!»

Birgittenkloster in Altomünster/Oberbayern

Das 21. Jahrhundert ist doch bereits zwei Jahre alt. Oder nicht? Liegt ein Missverständnis vor? Leben wir im ausgehenden Mittelalter? Nein – es ist kein Traum, keine Einbildung: Schwester Antonia, Priorin, Vorsteherin, des *Birgittenklosters* im oberbayerischen Altomünster, hat tatsächlich gesagt: «Wir sind freiwillig – um Gottes Willen – in der Gefangenschaft!»

Sie und ihre Mitschwestern geloben Armut, Keuschheit und Gehorsam. Und leben tatsächlich so. Es überkommt einen ein ganz und gar fremdes, ein ungewohntes Gefühl, wenn man einen Menschen beim Gespräch übers Weihnachtsfest sagen hört, er verzichte, gemeinsam mit anderen, auf jede Form persönlicher Freiheit. Und das zu Zeiten, in denen sogar solche, die im Gleichschritt marschieren, auf ihrer Einzigartigkeit bestehen und ihre Eigengesetzlichkeit betonen! Man lebe so in Klausur, wie es vor fast 700 Jahren von einem anderen Menschen festgelegt worden ist. Dieser andere Mensch, der durchaus politisch dachte und handelte, hieß Birgitta Birgersdotter. Das Mädchen wurde im Jahr 1303 in Finsta, einem Flecken in der schwedischen Provinz Uppland, geboren. Sie war die Tochter eines adeligen Landrichters, der sie, als sie dreizehn Jahre alt war, mit dem Aristokraten Ulf Gudmarsson verheiratete. Der Ehe entsprangen acht Kinder. Eines davon, die Tochter Katarina, wurde später die erste Äbtissin des von der Mutter – nach dem Tod ihres Ehemannes – um das Jahr 1346 gegründeten Ordens vom Allerheiligsten Erlöser, *Ordo Sanctissimi Salvatoris*, im Kloster des ehemaligen schwedischen Gutes Vadstena. Zu der Gemeinschaft sollen in den Hochzeiten über 80 Nonnen- und Mönchsklöster gehört haben. Damals war der Orden der eigentliche Träger der religiösen und literarischen Kultur im Norden. Heute gibt es außer dem Nonnenkloster in Vadstena nur noch ein Birgittenkloster im englischen South Brent, zwei in den Niederlanden, Üden und Weert, das in Altomünster und neuerdings eines in Bremen. Für Männer scheint es in den Vereinigten Staaten ebenfalls wieder einen Anfang zu geben. Sie alle stehen unter Birgittas Wahlspruch: «Meine Liebe ist gekreuzigt worden.»

Die Gründerin, die nie eine Ordenstracht trug – zu der als Kopfbedeckung ein weißes Kreuz mit fünf roten Punkten gehört, «die symbolisieren die fünf Wunden des Herrn» –, sondern stets das Gewand der Witwe, hatte mehrere überlieferte *Revelationen*, Offenbarungen. Eine davon war ihr Anlass, den Orden ins Leben zu rufen. Eine andere prägende, die *Birgitten* als 70-Jährige im Jahr 1372 auf einer Wallfahrt ins Heilige Land hatte, beschreibt die Geburt Christi so genau, wie es nur eine Mutter von acht Kindern kann. Im XXI. Kapitel des Siebenten Buches der himmlischen Offenbarungen Birgittas erzählt sie: *Als ich an des Herrn Krippe zu Bethlehem war, sah ich eine Jungfrau; dieselbe war gesegneten Leibes, mit einem weißen Mantel und einem feinen Rocke bekleidet, durch welche hindurch ich von außen ihr jungfräuliches Fleisch deutlich sah. Ihr Leib war voll und sehr stark, denn sie war im Begriffe niederzukommen. Bei ihr befand sich ein gar ehrbarer Greis* (womit Joseph gemeint gewesen sein dürfte), *und beide hatten einen Ochsen und einen Esel bei sich. Als sie in die Höhle eingetreten waren, band der Greis den Ochsen und den Esel an die Krippe, ging hinaus und brachte der Jungfrau eine angezündete Kerze, befestigte dieselbe an der Wand und ging wieder hinaus, um nicht persönlich bei der Niederkunft gegenwärtig zu sein.*

Einer detaillierten Beschreibung des Aussehens und der Tätigkeiten Mariens folgt die Geburt: *Als sie nun so im Gebete war, sah ich das in ihrem Schoße ruhende Kind sich bewegen, und in einem Augenblicke, in einem Nu hatte sie ihren Sohn geboren, von welchem ein so großes, unaussprechliches Licht und Glanz ausging, dass die Sonne damit keinen Vergleich aushielt, noch weniger jene leuchtende Kerze, welche der Greis aufgesteckt hatte, weil jener göttliche Glanz den irdischen Schein der Kerze ganz vernichtet hatte. Es erfolgte auch die Art des Gebärens so jäh und so plötzlich, dass ich weder bemerken, noch unterscheiden konnte, wie es zuging, oder mit welchem Körperteile sie gebar; vielmehr sah ich sogleich das glorreiche Kind nackt und ganz leuchtend am Boden liegen. Sein Fleisch war ganz rein von jeglichem Makel und jeder Unreinlichkeit. Ich sah auch die Nachgeburtshaut neben demselben liegen; sie war zusammengewickelt und gar glänzend.*

Anrührend zu lesen, wie Birgitta von Schweden in ihrer visionären Ekstase den ersten körperlichen Kontakt erlebte, den Maria zu ihrem Kind aufnahm. Da fehlt nicht einmal das Abnabeln: *Daraufhin setzte sie sich auf die Erde nieder, nahm ihren Sohn auf den Schoß und ergriff mit ihren Fingern leise seine Nabelschnur, welche alsbald abgeschnitten ward, ohne dass Feuchtigkeit oder Blut herausfloss, und sodann begann sie das Kind sorgfältig einzuwickeln.* Es folgen Beschreibungen des liebevollen Umgangs beider Elternteile mit dem Kind.

Ein Kapitel später findet sich folgende Vision: *Nochmals erschien mir am nämlichen Orte die Jungfrau Maria wiederum und sprach: «Meine Tochter! es ist schon lange her, dass ich Dir zu Rom verhieß, ich würde Dir hier zu Bethlehem die Art zeigen, wie ich geboren. Und obwohl ich Dir in Neapel hierüber einiges gezeigt habe, namentlich in welcher Stellung ich mich befunden, als ich meinen Sohn gebar, so magst Du doch als gewiß wissen, dass ich in jener Stellung geboren habe, wie Du es jetzt gesehen, nämlich auf den Knieen liegend und allein im Stalle betend. Ich habe ihn unter so großer Freude und Seelenjubel geboren, dass ich keinerlei Beschwerde und Schmerz fühlte, als er meinen Leib verließ.»*
Und im XXIV. Kapitel des Siebenten Buches der himmlischen Offenbarung Birgittas heißt es: *Die nämliche Mutter des Herrn sagte mir auch: «Meine Tochter! wisse, dass, als die drei weisen Könige in den Stall kamen, um meinen Sohn anzubeten, ich deren Ankunft wohl zuvor gewusst habe. Und als sie hereinkamen und denselben anbeteten, hüpfte mein Sohn fröhlich auf, und hatte ein von Freude ganz erheitertes Gesicht. Auch ich freute mich gar sehr und war fröhlich, voll wunderbaren Freudenjubels in meinem Herzen. Ich gab fleißig acht auf ihre Worte und ihr Benehmen und behielt und überlegte alles in meinem Herzen.»*
Was aus diesem Blickwinkel betrachtet über die Geburt Christi geschrieben steht, wird die Herzen der fünf verbliebenen Ordensfrauen von Altomünster mindestens ebenso bewegen wie das, was sich in der Heiligen Schrift über die Geburt des «Heilands» nachlesen lässt. Denn die Birgitten halten fest an dem, was ihre Stifterin ihnen vorgegeben hat. Worunter auch fällt, dass sie ihr Klosterdasein als «Klausurschwestern» führen. Einerlei, ob sie, wie ihre Priorin, schon lange dabei sind – Antonia gehört der Gemeinschaft seit 47 Jahren an – oder ob sie mit 48 Lebensjahren als «unsere jüngste Schwester» bezeichnet werden.

Klausur meint nach katholischem Kirchenrecht den innerhalb eines Klosters den Religiösen vorbehaltenen Bereich und dessen geltende Vorschriften. Die herkömmlichen davon, die *bischöfliche*, besser indes *gemeine* Klausuren genannt werden, verbieten vor allem den Zutritt von Personen des jeweils anderen Geschlechts zur Klausur. Die nur für Ordensleute geltende *päpstliche* Klausur verlangt außerdem bei Frauenklöstern «rein beschaulicher Orden» die päpstliche Erlaubnis für jeglichen Einlass von Ordensfremden und, außer bei schwerster Gefahr, für das Verlassen des Klosters durch die Schwestern. Die Birgitten sind ein «rein beschaulicher Orden». In die Räume der Nonnen vorzudringen – das gilt sogar für die Küche – ist, von ganz wenigen Ausnahmen abgesehen, so gut wie unmöglich, schon erst recht für Männer. Gespräche werden über eine Schranke, durch ein Gitter hindurch geführt. Aufenthalte für Ordensfremde gibt es in Altomünster nur in dafür vorgesehenen, dem Birgittenkloster angegliederten Räumen. Und selbst die dürfen in aller Regel nur dann benutzt werden, wenn es sich bei den Gästen um bildungs- oder fortbildungsbeflissene Gruppen handelt.

So weiß denn Schwester Antonia: «Im Kloster ist Weihnachten feierlicher, in der Familie gemütlicher.» Nach «Vesper und Lesehore» – nach Pflicht- und Stundengebet – werden am Heiligen Abend die «letzten Vorbereitungen» für eine gemeinsame Feier getroffen. Danach läutet es um 18 Uhr zum Abendessen. Im Refektorium – dem Speisesaal – des in Teilen aus dem 11. Jahrhundert stammenden, ursprünglich von «hochadeligen Benediktinerinnen» gehaltenen Klosters brennen an einem großen Christbaum die Kerzen, vorm Altar steht «die Krippe mit dem Jesuskind». Den Platz einer jeden Schwester schmückt eine brennende

Kerze und Tannengrün. Der ganze Raum erglüht in Kerzenlicht. Priorin und Subpriorin – Vorsteherin und Stellvertreterin – «gehen mit Weihwasser und Weihrauch» und mit Segenswünschen «durch den Saal zu jeder Schwester», berichtet Schwester Antonia und fügt bedauernd hinzu: «Als wir noch viele Schwestern waren, da dauerte diese Zeremonie natürlich sehr lange; da haben wir währenddessen gemeinsam ein Weihnachtslied gesungen.»

Nach dem Tischgebet liest jemand aus dem «Heiligen Direktorium» die für den Heiligen Abend ausgewählte Geschichte aus der Bibel. Mittlerweile sind die Speisen aufgetragen, eine Schallplatte oder Tonkassette mit Weihnachtsliedern wird aufgelegt, es beginnt eine «lange, gemütliche Tischzeit». Jede Nonne erhält einen Teller mit Gebäck und «so einige Sachen, die wir geschenkt bekommen». Gaben, «wie sie in der Familie üblich sind, gab es bei uns im Kloster nie», sagt die Priorin.

«Früher», erinnert sie sich, und in ihrem Tonfall schwingt Wehmut mit, «früher sangen wir nach dem Aufräumen in der Küche die feierliche Weihnachtsmette.» Heute habe jede Schwester in dieser Zeit Gelegenheit, sich «in ihrer Zelle oder in der Kapelle zu sammeln» und sich «innerlich auf die Christmette vorzubereiten». Um 21.30 Uhr versammeln sich dann alle im «Kapitelsaal, dort steht eine passende Muttergottesstatue und vor ihr, auf einem geschmückten Stuhl, das göttliche Kind». Nachdem die Klosterfrauen «den Angelus gebetet haben», tragen sie «das Gotteskind in einer Prozession mit brennenden Kerzen und mit Glockengeläut in die Kapelle und stellen es dort in seiner mit Kerzen und mit Blumen geschmückten Krippe auf einen in den Fußboden eingelassenen Stern». Vorzeiten, «als das Chorgebet noch in lateinischer Sprache gebetet wurde, sangen zwei Vorsängerinnen das schöne Responsorium *videte miraculum,* und die Schwestern gaben singend Antwort», schwärmt die Vorsteherin. Vergangen, nicht vergessen, aber vorüber. Im Jahre 2003 werden sie wieder einmal «nur» um die Krippe herum knien, «das göttliche Kind grüßen und dabei *Stille Nacht, heilige Nacht* singen. Das passt so gut, und es gehört dazu». Um 22.00 Uhr werden sie dann in der heutigen Pfarrkirche, die, als sie in der zweiten Hälfte des 18. Jahrhunderts gebaut worden ist, Klosterkirche war, auf dem Chor die Christmette mitfeiern, kaum sichtbar für die Gemeinde. Obwohl die Birgitten in Altomünster also völlig anders leben als die umtriebigen, gewerbetreibenden Benediktinermönche im ebenfalls oberbayerischen Kloster Andechs am Ostufer des Ammersees, ziert sich die Priorin preiszugeben, welche Speisen an Weihnachten wie zubereitet aufgetragen werden. Das sei doch, erklärt sie, «ganz unwichtig». So wie einst sogar im stillen, kontemplativ-meditativen Birgittenkloster getafelt worden sei, gehe es schon lange nicht mehr zu. «Wenn die draußen nichts haben, dann haben wir drinnen schon drei Mal nichts mehr.» Allerdings bekämen sie «zum Weihnachtsfest immer wieder auch Lebensmittel, zum Beispiel vom Metzger und anderen, geschenkt». Das, was als Geschenk auf den Tisch komme, das werde gegessen.

Dabei erwähnt sie, wohl eher versehentlich, dass der in Altomünster lebende Historiker und Professor Wilhelm Liebhart, der über die Säkularisation der Klöster in Bayern arbeitet, eine Vielzahl von alten und neuen Rezepten aus birgittischer Küche in Verwahrung habe. Die sollen irgendwann, wie die aus dem bierselig-benediktinischen marketingorientierten Unternehmen vor den Toren Münchens, als verkäufliches Buch erscheinen. Das wird nicht viel anders aussehen als das «Kloster Andechs – Kochbuch für Leib & Seele» von Pater Anselm Bilgri und Klaus-Wilhelm Gérard. Dort wird ein Weihnachtsmenü mit vier Gängen angeboten: mariniertes Kalbfleisch mit Feldsalat; Sprossenkohlsuppe; gekochte Lachsforelle mit frischer Mayonnaise, Cocktailsoße und Pellkartoffeln; weihnachtliches Früchteg'müs. Das, was bei Wilhelm Liebhart zu sehen war, aber nicht abgeschrieben werden durfte, ist üppiger, ausladender, wuchtiger, großartiger. Riecht nicht nach Armut. Kurzum: Sieht nicht gerade so aus, als sei es dem Speisenzettel des armen Mannes von Nazareth entnommen.

Dorothee Schöndorf

Kochen, tanzen, singen

Der Orden «Donum Dei»/Rom

Um es gleich vorwegzusagen: Dem Katholizismus hatte ich mit ungefähr 15 Jahren den Rücken gekehrt. Aber ich werde immer wieder aufs Neue in Versuchung geführt, mich danach umzudrehen. Nicht nur, dass ich mir Jahre später unwissentlich einen Katholiken zum Liebsten nahm, dieser ging zudem für eine Weile ausgerechnet ins Zentrum des Katholizismus: nach Rom, wo immer um die Ecke eine Kirche lauert oder ein Geistlicher in Berufs- oder vielmehr Berufungskleidung des Weges kommt. Ganz zu schweigen vom Petersdom, dessen mächtige Kuppel über der Stadt thront. Dann schlug man mir eines Tages bei einem Essen vor, über ein Restaurant in Rom zu schreiben. Fein! Über eines, das von einem Orden betrieben wird. Über die Koch- und Bewirtungskünste der Nonnen, die Geschichte des Ordens. Und über das Kloster. Ich stutzte. Schon wieder Katholiken!

Es ist ein Abend kurz nach Weihnachten, mitten in Roms Altstadt, unweit des Pantheon. Das Wetter ist mild, aber regnerisch, fast wie im April. Mein Liebster und ich stehen vor dem Restaurant *Eau Vive*. Wir wollen es uns erst einmal von außen anschauen. «Siehst du», sagt er und zeigt dabei gen Himmel, «es geht schon los: Es regnet nicht mehr. Ein kleines Wunder!» Ich blicke ihn an, weiß aber nicht genau, wie er das jetzt meint, denn er deutet mit dem Schirm auf das Haus und sagt anerkennend: «Sehr alt!» Schwere schmiedeeiserne Gitter vor den Fenstern verwehren den Einblick. Ein Palazzo aus dem 16. Jahrhundert, wie ich später erfahre. Der ehemalige Sitz einer italienischen Adelsfamilie. Der Orden hat die unteren Räume und den ersten Stock für das Restaurant angemietet. Ich erwarte ein piekfeines Ambiente: die noble Verschwiegenheit eines Luxusrestaurants. Schließlich erzählt man sich, dass hier Botschafter, wichtige Vatikanmitarbeiter, sogar Kardinäle und Politiker ein und aus gehen. Ich stelle mir vor, dass hohe und höchste Würdenträger in ruhigen Nischen beisammensitzen, während schweigsame Nonnen gesenkten Blickes wie pflichtbewusste Arbeitsbienen hin und her laufen, um sie zu bedienen. Die Nonnen lächeln nur selten, für die Normalsterblichen mitleidig oder zuckersüß, für die Geistlichen gottesfürchtig.

Mein Liebster studiert aufmerksam die vor dem Restaurant aushängende Karte. Vor allem französische, aber auch exotische Küche wird angeboten. Er wendet sich dem Eingang zu und schaut mich auffordernd an. Mir wird hingegen gerade ganz mulmig, weil ich doch nicht mehr katholisch bin. Dafür aber fest davon überzeugt, dass man mir das ansieht.

«Du kannst bedenkenlos reingehen», entgegnet er, «genau diese Angst beweist doch deinen unverwüstlichen Katholizismus, deinen Glauben daran, dass Gott alles sieht.»

Wir gehen durch einen Vorraum ein paar Stufen hinauf. Die Frau, die uns empfängt, besteht vor allem aus einem freundlichen Lächeln, einem jungen Lächeln, einem Südseelächeln.

Ich werfe einen ersten Blick ins Restaurant. Wo sind denn jetzt die Nonnen? Ich sage meinen Namen, sie sagt den ihren und dass wir miteinander telefoniert hätten. Ich brauche ziemlich lange, bis ich begreife, dass hier schon eine vor mir steht: Schwester Marie Michèle.

Sie platziert uns an einen Tisch in ihrer Nähe, damit sie herüberkommen und mit uns plaudern kann, wenn kein anderer Gast ihre Aufmerksamkeit verlangt. Während ich noch um mich blicke, gibt mein Liebster eine erste Einschätzung zum Besten: Die Räumlichkeiten erinnerten ihn ein bisschen an die Betriebskantine eines mittelständischen Unternehmens, die für die Weihnachtsfeier zurechtgemacht ist. Katholizismus und Spott scheinen sich bei ihm keinesfalls auszuschließen. Wir sitzen in einem großen Raum, ein bogenförmiger Durchgang verbindet ihn mit einem anderen gleicher Größe. In jedem stehen etwa neun Tische, die liebevoll mit raffiniert gefalteten Servietten gedeckt sind. Tatsächlich erinnern die halbhohe Holzvertäfelung ringsherum, der schlichte dunkelbraune Teppichfußboden und das rustikale Mobiliar nicht unbedingt an ein Edelrestaurant.

Ich spüre, wie meine Anspannung nachlässt. Die anderen Gäste wirken ebenfalls entspannt. Ich sehe dezente französische Ehepaare, quirlige italienische Familien und schüchterne amerikanische Studenten dort sitzen. Aus den Lautsprechern plätschern leise die Orchesterversionen einiger Weihnachtslieder. Jetzt ist gerade «Oh, du fröhliche» dran, kein Zweifel.

In der Ecke, gleich neben dem Eingang, ist eine Weihnachtskrippe aufgebaut. Maria und Joseph sind so groß wie Neunjährige. Das Kind hat das Aussehen aller italienischen Jesus-Krippenfiguren, die ich mir in den letzten Tagen angeschaut habe: rosa schimmernd, etwas pummelig, anliegende hellbraune Locken. Eine Mischung aus Barockengel und Babypuppe.

Schwester Michèle, deren Alter schwer zu bestimmen ist, da sie etwas Mädchenhaftes ausstrahlt, kommt zu uns herüber. Statt Nonnentracht trägt sie ein langes zweiteiliges Kleid aus grün gebatiktem Stoff mit bunten Blumen darauf. Es erinnert an Hawaiihemden. Sie ist klein, hat ein rundes Gesicht und einen bronzefarbenen Teint. Ihre schweren dunklen Haare hält ein farbiges Band am Hinterkopf zusammen. Sie lächelt schalkhaft. Später sollen wir uns unbedingt noch die Räumlichkeiten im ersten Stock anschauen, sagt sie. «Und das Kloster, können wir das auch mal sehen?», frage ich. Sie lacht und sagt: «Das geht nicht. Das Kloster ist in unseren Herzen! Oder, wenn Sie so wollen, Sie sind schon dort: Es ist dieses Restaurant! Ich glaube, das muss ich genauer erzählen.»

Am Weihnachtsabend des Jahres 1948 hält der junge französische Priester Marcel Roussel die Mitternachtsmesse in Saint Denis. Als er den Kelch in die Höhe hebt, hört er einen Schrei. Carmela, die Prostituierte des Viertels, die die Messe besucht, wird in der Kirchenbank mit einem Dolchstoß mitten ins Herz erstochen.
Roussel ist entsetzt, dass so etwas in seiner Kirche geschehen konnte. Schließlich deutet er das Geschehen als Zeichen Gottes, nun das umzusetzen, was er schon lange mit sich herumträgt: die Idee, einen Orden zu gründen. Einen ganz besonderen Orden.
Viele Menschen haben sich nach den Erfahrungen des Zweiten Weltkriegs vom Glauben abgewendet. Wie kann es ihm gelingen, die göttliche Liebe wieder für sie spürbar zu machen? Schließlich steht es ihm eines Tages klar vor Augen: Er möchte sie mit Hilfe junger Mädchen, die ihr Leben ganz und gar Gott widmen, zum Glauben zurückführen. Jungfrauen sollen es sein, deren Liebreiz der Liebe Gottes zu seinen Geschöpfen entspringt. Die jungen Schwestern sollen aber nicht hinter hohen Klostermauern leben,

sondern unter den Menschen, um ihnen beizustehen. Hilfe und Missionierung gehen dabei ineinander über. Zentrum des Glaubens ist die Spiritualität der heiligen Theresia von Lisieux, die der Priester sehr verehrt. Nach ihrem Vorbild sollen die Frauen leben.

Da unterbricht Schwester Michèle ihre Erzählung, um Gäste zu verabschieden. Mehrere Schwestern laufen zusammen, und ich erkenne jetzt, dass es sich um eine Gruppe Geistlicher handelt, die im ersten Stock gesessen haben muss. Sollte es doch eine Unterteilung in mehr und weniger religiöse Gäste geben? Die Schwestern jedenfalls kichern, scherzen und winken ihnen nach wie ausgelassene Kinder.

Als Michèle wieder zu uns kommt, dreht sie sich um und zeigt auf das Foto eines blassen Mädchens in Ordenskleidung. Theresia lebte zu Ende des 19. Jahrhunderts in Frankreich und wird auch «die kleine Heilige» genannt. Schon als Kind weiß sie, dass sie ihr Leben als Nonne im Karmeliterorden führen will. Nach langen Jahren des Bittens und Drängens (auch der Papst lässt sich zunächst nicht erweichen) gelingt es ihr, im Alter von 14 Jahren in den Orden einzutreten. Aber dort wird sie erst recht auf die Probe gestellt: Die Mitschwestern akzeptieren sie nicht, und so fühlt sie sich einsam und unglücklich. Trotz aller heftigen Zweifel an Gott entwickelt sie eine innige Verbindung und Liebe zu ihm. In den kommenden Jahren hält sie ihre spirituellen Erfahrungen und Gedanken schriftlich fest. Sie ist kaum über 20, als sie an Tbc erkrankt, vier Jahre später stirbt Theresia von Lisieux. Sie wird nicht nur heilig gesprochen, Papst Johannes Paul II. ernennt sie sogar zur Kirchenlehrerin.

Ich atme tief durch. Das ist zweifellos sehr katholisch. Und mir auf gleiche Weise vertraut wie fremd. Diese Selbstverständlichkeit, mit der von Gottes Liebe die Rede ist. Die Idee der jungen Mädchen und der Jungfräulichkeit. Und ein Kind, das unbedingt Nonne werden will …

Am 11. Februar 1949 gründet Marcel Roussel den «Orden der unbefleckten Missionarischen Arbeiterinnen». Die jungen Frauen leben in Gemeinschaften und übernehmen soziale Aufgaben aller Art. Sie missionieren in Bars, unter den Prostituierten und in den Vorstädten, wo die großen Fabriken stehen. Fasziniert von den Schwestern, schließen sich ganze Familien ihrer Lebensweise an. So erweitert Roussel den Orden und nennt ihn «Missionarische Familie Donum Dei». Die Idee der missionierenden Jungfrauen bleibt jedoch erhalten. «Donum Dei» verbreitet sich bis nach Übersee und ist heute in allen Teilen der Welt, darunter vielen Entwicklungsländern, vertreten. Der Schwesterngemeinschaft gehören Frauen aller Länder an. 1984 stirbt Marcel Roussel, 1987 wird «Donum Dei» Teil des Karmeliterordens.

«Warum gibt es die Restaurants, und was steckt hinter dem Namen *Eau Vive*?», möchte ich wissen.

Die Idee des Restaurants lag nahe. «Donum Dei» will ja auf die Menschen zugehen. Der Gast soll sich wohl fühlen, sich ausruhen, gut essen und die Lebensfreude der Schwestern kennen lernen. Wenn er möchte, kann er am religiösen Leben teilnehmen. In diesem Sinne eröffnete die Ordensgemeinschaft 1981 das erste Eau Vive *in Toulouse. Inzwischen gibt es auf jedem Kontinent eines. Das mit den Restaurants verdiente Geld fließt in Entwicklungshilfeprojekte des Ordens.* Eau Vive *(lebendiges Wasser) erinnert an eine Geschichte aus dem Johannesevangelium. Eine*

Frau geht zum Brunnen, um Wasser zu schöpfen. Dort begegnet ihr Jesus, der ihr vom lebendigen Wasser, wie er die Liebe Gottes nennt, erzählt. Diese Quelle sei unerschöpflich. In den Restaurants wird diese Liebe weitergegeben. Zugleich sind sie der Versammlungsort der Schwestern zum Gebet.

«Aber wir feiern hier auch unsere Geburtstage!», fügt Michèle noch fröhlich hinzu.

Es ist ihre Fröhlichkeit, die mein Befremden beiseite wischt. Vor mir steht eine heitere Frau, die vermutlich schon viel Elend gesehen hat. Sie erzählt, dass sie aus Polynesien stamme. Als ich ein paar Tage später auf der Karte suche, dauert es lange, bis ich die kleinen Inseln mitten im Pazifischen Ozean finde. Ihr Kleid komme von dort. Auch ihre Mitschwestern tragen die Kleidung ihres jeweiligen Herkunftslandes. 25 Jahre gehöre sie dem Orden nun schon an. Kaum zu glauben, so jung sieht sie aus. Zehn Jahre dauere es, bis man endgültig in den Orden aufgenommen wird. Die Anwärterinnen verbringen einige Jahre in Paris, einige in Rom und einige in Missionsstandorten der Dritten Welt. Als Angehörige von «Donum Dei» sind die Schwestern ihr Leben lang unterwegs. Alle paar Jahre müssen sie den gegenwärtigen Lebenszusammenhang aufgeben. Michèle selbst weiß im Moment noch nicht, wohin sie nach ihrem Rom-Aufenthalt berufen wird. Die lange Zeit als Novizin gibt den Frauen die Gelegenheit, sich genau zu prüfen. Ob sie es aushalten, in einem Orden ohne die sicheren Mauern eines Klosters zu leben. Sie müssen es stattdessen in sich tragen. Ihr Blick verdunkelt sich. Dann lacht sie wieder: «Man kann nämlich nicht mehr ausbüxen, wenn man es in seinem Herzen hat!»

Uns soll's recht sein. Das Essen schmeckt wunderbar. Wir beginnen mit einer kräftigen überbackenen Zwiebelsuppe, dann essen wir köstlich zarten geschmolzenen Ziegenkäse mit rotem Pfeffer, anschließend ein saftiges, geschmortes Perlhuhn mit Schalotten. Alles ist auf französische Art zubereitet. Dazu trinken wir einen trockenen vollmundigen Bordeaux. «Das ist das Schöne am Katholizismus», prostet mir mein Liebster zu, «Sinnenfreude!»
Zum Nachtisch bestellen wir Bûche de Noël, eine Spezialität, die in Frankreich zu Weihnachten gereicht wird. In früheren Zeiten legte man dort am Vorweihnachtsabend einen großen Holzscheit in den Kamin und heizte ihn an. Das Feuer durfte während der Weihnachtstage nicht ausgehen, sonst drohte Unglück. An seine Stelle ist eine Cremerolle getreten. Sie wird so verziert, dass sie wie ein kleiner gefällter Baumstamm aussieht. Unsere ist liebevoll mit klein gehackten Pistazien sowie Mandeln dekoriert und schmeckt raffiniert nach Schokolade und Kaffee: der Höhepunkt unseres Essens.

Warum die Küche so ausgezeichnet ist, erklärt uns Michèle. Die Schwestern gehen ganz unterschiedlichen Ausbildungen nach. Das Wichtigste ist, das Gelernte untereinander auszutauschen. Eine der Schwestern ließ sich zur Köchin im renommierten Kochinstitut «Cordon bleu» in Paris ausbilden. Dort lernen die Meisterköche. Sie hat ihr Wissen weitergegeben, das ist sicher!
Wir genießen unser Essen und beobachten die Schwestern bei ihrer Arbeit. Sie nehmen sich viel Zeit für die Besucher. Jetzt geht eine von Tisch zu Tisch und verteilt Zettel, auf denen der Text des *Ave Maria* abgedruckt ist. Immer mehr Schwestern betreten den Speiseraum und stellen sich zwi-

schen den Tischen mit dem Blick zur Krippe auf. In der Hand halten sie lange farbige Tücher. Es sind kleine und große Frauen heller und dunkler Hautfarbe mit asiatischen, afrikanischen und europäischen Gesichtern. Die folkloristischen Schnitte und Stoffe ihrer Kleider betonen die Verschiedenartigkeit ihrer Herkunft. Ihnen allen gemeinsam ist das Mädchenhafte und damit die Unmöglichkeit, ihr Alter zu bestimmen.

Das Licht wird gedämpft. Dann setzt Musik ein: das Weihnachtsoratorium von Johann Sebastian Bach. Die Frauen wiegen sich zu den Klängen. Dabei schwingen sie sanft mit den Armen, die Tücher wie Schleier um sich kreisen lassend. Über Lautsprecher erzählt eine Stimme etwas auf Italienisch: Es ist wohl die Weihnachtsgeschichte. Zwei weitere Schwestern betreten den Raum und nähern sich der Krippe. Eine trägt die Jesuspuppe in den Händen. Die beiden stellen Maria und Joseph dar, die Heilige Familie. Jetzt wird die Musik noch lauter, die Stimme intensiver. Und Maria wird plötzlich 10 Zentimeter größer. Tippelnd steht sie auf den Spitzen ihrer nun zum Vorschein kommenden Ballettschuhe und hält die Puppe immer höher, während die anderen Schwestern niederknien und der Lautsprecher die Geburt Jesu verkündet. Schließlich steigt sie sogar auf einen Stuhl, um die Puppe in den Kegel eines extra ausgerichteten Lichtspots zu halten. Das Bibelspiel ist auf seinem Höhepunkt angelangt. Die Musik wird heruntergedreht, Maria steigt vom Stuhl. Die Frauen stehen auf und stimmen ein klares, vielstimmiges «Ave Maria» an, das mir einen Schauer über den Rücken jagt.

Die Darstellung ist einfach, sonderbar, kitschig – und anrührend. Während des ergreifenden Gesangs spüre ich, dass sich die kindliche Freude auf mich übertragen hat.

Und den anderen, die jetzt mitsingen, scheint es genauso zu gehen. Schließlich sind es die Schwestern, die den normalen Restaurantbetrieb wieder aufnehmen, als wäre nichts Besonderes vorgefallen. Die Gäste hingegen bleiben noch eine Weile mit verzückten Gesichtern zurück.

Mein Liebster schaut mich an und lacht. Da sei ich ja in etwas hineingeraten. Ja, das bin ich wirklich. «Los, nun müssen wir uns aber endlich mal die anderen Räumlichkeiten ansehen», drängelt er. Über eine enge Treppe gelangen wir in den ersten Stock. Hier wartet die nächste Überraschung auf uns: mehrere hintereinander liegende 5 Meter hohe Räume, in denen elegant dekorierte Tische stehen. Die mit Blumenornamenten und anderen Barockmotiven bemalten Deckenwölbungen über uns sind wunderschön und vermutlich so alt wie der Palazzo selbst. Es handele sich um die ehemaligen Räumlichkeiten der Adeligen, im unteren Stockwerk seien ursprünglich nur Pferdeställe gewesen, erklärt man uns. Im obersten wohne sogar noch eine richtige, wenn auch betagte «Principessa». Diese Räume kommen meinen ursprünglichen Vorstellungen von einem edlen Restaurant viel näher. Wenn man an einem Tisch hier oben sitzen möchte, muss man lange im Voraus reservieren. Gelegentlich ist das erste Stockwerk nur besonderen Persönlichkeiten vorbehalten. Hier also treffen sich die Kardinäle! Zum Abschluss werfe ich einen Blick in die Küche. Dort wird bereits heftig gespült und geschrubbt. Etwa zwölf Schwestern in weißer Küchenkleidung und passenden Häubchen machen sich gerade über Töpfe, Teller und Arbeitsflächen her. Als ich eintrete, schauen sie nur kurz auf. «Buon Natale», rufe ich ihnen zu. Und dann schallt ein zwölffaches «Buon Natale» zurück. Begleitet von einem fröhlichen Winken. Als hätte man hier nicht gerade einen

harten Arbeitstag in der Küche eines voll besetzten Restaurants hinter sich.
Als mein Liebster und ich schließlich in die Straßenbahn steigen, fühlen wir uns wie aus einer anderen Welt. «So ist es also, wenn man missioniert wird», sage ich. – «Wunderbar», antwortet er, «du hast dich missionieren lassen!» – «Gut gelaunte, freundliche Frauen, die einem köstliches Essen servieren und ebenso köstlichen Wein. Die ein bisschen tanzen und singen und gleichzeitig auch noch hart arbeiten. Sich dem zu entziehen ist wirklich nicht so einfach. Allerdings hat mir die Theresia-Geschichte nicht gefallen. Und diese Ideen von jungen Mädchen und Jungfräulichkeit auch nicht.»
Ich grübele vor mich hin. Das *Eau Vive* ist zweifellos ein ganz besonderer Ort. Letztlich geht es jeden Tag um die Frage, ob man an etwas glauben möchte. Ich schaue in die müden Straßenbahngesichter. Nach einer Weile sagt mein Liebster: «Also ich zum Beispiel, ich glaube», und dabei schaut er mir tief in die Augen, «dass wir die Nächste rausmüssen.»
Als wir aussteigen, fängt es wieder an zu regnen.

Bûche de Noël

Zutaten für 6 Personen

Für den Teig:

75 g Puderzucker
75 g Mehl
25 g Butter
3 Eier
1 Eigelb

(Backzeit: 8 bis 10 Minuten)

Für die Füllung:
Englische Creme mit Kaffee*

Für die Dekoration:
Englische Creme mit Schokolade*
geschälte halbierte Mandeln
gehackte Pistazien

Vier Eigelbe und Zucker schaumig rühren. Die Eiweiße steif schlagen und unter die Eigelbmasse heben. Mehl durch ein Sieb geben, dann Butter erhitzen und ebenso beigeben. Den Teig circa einen halben Zentimeter dick auf einem Blech mit Backpapier verstreichen. 8 bis 10 Minuten im vorgeheizten Ofen backen. Die entstandene Biskuitplatte stürzen und erkalten lassen. Vorsichtig das Papier entfernen und nun mit der englischen Kaffeecreme bestreichen (etwas davon übrig behalten). Anschließend den Biskuit rollen, die Creme ist dabei innen. An beiden Seiten schräg zwei dickere Scheiben abschneiden. Diese wie die Astansätze eines Baumes an die Rolle legen. Die offenen Enden mit etwas Kaffeecreme bestreichen. Mit der Schokoladencreme wird nun dekoriert: 2/3 der Menge auf die Rolle streichen. Mit einer Gabel Streifen in Längsrichtung ziehen, sodass es an die grobe Rinde eines Baumes erinnert. Die restliche Creme in einen Spritzbeutel mit kleiner Lochtülle füllen. Kleine Astknoten und Zweige damit gestalten. Die Mandeln wie Blätter, die Pistazien wie kleine grüne Moosstellen auf dem Stamm arrangieren. Nun das Ganze kalt stellen.

***Englische Creme**

(für 0,5 Liter):
6 Eigelb
150 g Zucker
0,5 l Milch
1/2 Vanillestange
2–3 TL Nescafé
50 g Zartbitterschokolade

Vanillestange halbieren und das wertvolle Vanillemark herauskratzen. Milch und Vanille aufkochen. Zucker und Eigelbe vorsichtig miteinander verrühren, bis sie schaumig sind. Milch unter Rühren der Eimasse sehr langsam dazugießen. Das Ganze im Wasserbad erhitzen, dabei ständig weiterrühren. Achtung! Ist die Creme zu heiß, stockt sie, zu wenig Hitze verhindert ihr Andicken. Dass sie die richtige Konsistenz hat, erkennen Sie durch einen Trick: Tauchen Sie einen breiten Holzlöffel hinein und pusten Sie ihn an. Schlägt die Creme dabei leichte Wellen und fließt dicklich vom Löffel? Dann ist sie genau richtig.
Die Creme durch ein feines Sieb gießen.
Für die Kaffeevariante vor dem Aufkochen in der Milch 2 bis 3 TL Pulverkaffee verrühren.
Für die Schokoladenvariante Zartbitterschokolade im Wasserbad erhitzen und ganz am Ende hinzufügen.
Anschließend kalt stellen.

Margit Naumann

Augustinerstraße

Franziskanerinnen aus Bosnien und Kroatien

Seit drei Tagen schon stand der Zettel aufrecht am Küchenwecker auf dem Wandregal. Jedes Mal, wenn Sabine in die Küche kam, schaute sie drauf. In noch sehr ungelenker Kinderschrift war zu lesen: Dienstag mit Mimi in die Stadt. Wie hat sie sich gemüht beim letzten Besuch, Hannah, ihre kleine Enkelin. Hannah fand, es sei eine fabelhafte Idee, zu einer getroffenen Verabredung nun auch einen kleinen Zettel zur Erinnerung zu hinterlassen; denn sie war jetzt im zweiten Schuljahr, und nächste Woche gab es Herbstferien. In der Schule lernten sie sowieso jeden Tag etwas dazu. Was sie nicht dazulernen musste, war ihre liebevolle Anhänglichkeit. Die hat man, oder man hat sie nicht. Hannah also hatte sie, die Liebe zu ihrer Mimi, wie sie von jeher ihre Großmutter nannte. Das allein zeigte schon dieser kleine Zettel. Um das Geschriebene waren viele kleine und große Herzen gemalt.
Deshalb schaute Sabine auch so gern darauf, und es machte sie einfach froh. Sie liebte ihre kleine Enkelin von Herzen. Seit kurzem haben beide eine Leidenschaft entdeckt: mit dem Bus in die Stadt zu fahren. Einmal nach Wiesbaden, einmal nach Mainz. Für beide Städte gibt es die gleiche Fahrkarte. Weit auseinander liegen sie auch nicht.
Auf solche Verabredung freuen sie sich. Voller Stolz hakt Hannah ihre Mimi dann ein, und jedes Mal, wenn sie ihren kleinen Arm doch noch etwas strecken muss, meint sie: «Guck mal, Mimi, ich bin schon wieder ein Stück gewachsen.»

Lachend laufen sie bis zur nicht weit entfernten Bushaltestelle. Selbstverständlich möchte Hannah im Bus einen Fensterplatz.
So war es also auch am Dienstag. Der Bus war nicht sehr voll, sodass sich Sabine bei der sehr abwechslungsreichen Fahrt mit ihrer Enkelin unterhalten konnte. Nahe am Ziel ging es dann noch über den Rhein, auf dem ein großer Schlepper mit unzähligen Containern zu sehen war. Hannah rätselte laut, wohin das Schiff wohl fahre und was es vielleicht geladen habe.
Am Brand stiegen beide aus und gelangten nach wenigen Schritten auf den Domplatz in Mainz. Natürlich steuerte Hannah zuallererst auf die Brezelbude zu. Erheitert bemerkte Sabine, wie sie von dem kleinen Arm dahin gelenkt wurde. Das war schon ein Ritual, zuerst eine Brezel. «Du musst aber heute auch eine nehmen, Mimi», erinnerte Hannah.
Fröhlich kauend liefen sie über den Theaterplatz, wo eine große Schar Tauben flatternd in die Höhe flog und sie ihnen hinterherschauten.
Zu Beginn wollten sie sich die Auslagen in den Geschäften ansehen, eben so richtig bummeln. «Vielleicht finden wir ja auch eine schöne neue Haarspange, Mimi, wir könnten ja auch mal ins Kaufhaus reingehen», trällerte Hannah und blickte erwartungsvoll zu ihrer Großmutter hoch.
«Ja, du hast Recht, das machen wir», erwiderte Sabine, «aber denk dran, wir wollten heute auch durch die Augustinerstraße bis in die Augustinerkirche gehen. Du erinnerst dich doch, wir wollten dort eine Kerze anzünden.»
«Ja, das machen wir hinterher, Mimi, wenn wir hier rauskommen», erklärte sie.
Eine Stunde später schlenderten sie durch die Augustiner-

straße. Hannah hatte heute das Hüpfen entdeckt. Eingehakt empfand sie festen Halt auch auf dem unebenen Pflaster. Streckenweise sang sie sogar leise vor sich hin.
«Guck mal, Mimi, da vorn geht eine Nonne», meinte sie und zeigte dabei auf die Schwester in der schwarzen Tracht. Schon sprang sie wieder und fiel in dem Moment so unglücklich auf ihre Knie und die linke Hand, weil sie sich nicht mehr festhielt. Sie erschrak selbst am meisten, und so weinte sie ihren Schmerz nicht gerade leise heraus.
Tröstend half ihr Sabine wieder auf die Beine, jedoch beim Anblick der blutenden, aufgeschlagenen Knie verfiel Hannah in erneutes Schluchzen. Plötzlich stand die Schwester in der schwarzen Tracht neben den beiden. Sie streichelte Hannah den Kopf und bot freundlich an, mit ihr bis ins Verwaltungshaus der Augustinerkirche zu kommen. Sie meinte, dort würde sie Hannahs Wunden fachgerecht versorgen.
Nun saßen sie schon eine Weile in einem hohen Raum beisammen, der zum Predigerseminar gehörte und unweit der Küche lag. Die Wunden waren behandelt, und als ihr Schwester Karla, so stellte sie sich vor, auf einem Glasteller ein Stück Baklava brachte, hatte Hannah sich endgültig beruhigt. Sie aß genüsslich, so herrlich süß wie das schmeckte! Währenddessen erfuhr Sabine, dass Schwester Karla und ihre Mitschwestern Franziskanerinnen aus Bosnien und Kroatien waren. Ihr Provinzhaus liegt in Sarajewo, das Mutterhaus in Rom. Bereits im April 1965 kamen fünf junge Schwestern nach Gießen ins Krankenhaus. Von dort kam eine, die Deutsch gelernt hatte, nach ein paar Monaten mit vier weiteren nach Mainz.
Sabine interessierte es sehr, was Schwester Karla erzählte; denn sie ging hin und wieder in die zum Seminar gehörende Diözesan-Bibliothek. Mit einer Schwester jedoch gab es

bisher keinen Kontakt. Freundlich antwortete Karla weiter auf Sabines Fragen. Ja, es ist ein armer Orden im Heimatland, sie haben kleine Klöster, haben vorwiegend im Krankenhaus und in den Schulen gearbeitet. Hier im Predigerseminar leben fünf Schwestern, die gemeinsam mit Hilfskräften die komplette Hauswirtschaft bewältigen. Sie sind gern hier, können in ihrer eigenen Kapelle ihre täglichen Gebetszeiten einhalten, wo viele Gebete noch kroatisch gesprochen werden. Neben den Studenten gibt es viele Praktikanten und Gäste zu bewirten.

Hannah labte sich bereits am zweiten Stück Baklava. Lachend stellte es ihr Schwester Karla auf den Tisch. Sie strahlte überhaupt viel Lebensfreude aus. Sabine erfuhr, dass alle Schwestern eine weiße Arbeitstracht trugen und die schwarze nach der Arbeit und wenn sie nach draußen gingen.

«Sogar noch weitere sechs Franziskanerinnen arbeiten hier in der näheren Umgebung», sagte Schwester Karla. «Alle kommen wir gern hier zusammen in unserem kleinen klösterlichen Anwesen inmitten des Predigerseminars zum gemeinsamen Gebet oder Essen oder auch zum fröhlichen Miteinander.»

Sabine interessierte sich vor allem noch für traditionelle Speisen der bosnisch-kroatischen Franziskanerinnen.

Schwester Karla stellte fest, dass ja die heutige Küche so international geworden sei. Wenn sie im Orden allerdings den Namenstag einer Schwester feiern, so beschrieb Karla begeistert, dann versuche sie, etwas aus der Heimat auf den Tisch zu bringen.

«Das ist neben Pitta, Sauerkrautwickel, Čevapčići und Spießen vor allem Baklava. Und zwar diese.»

Dabei zeigte sie mit dem Finger auf den Rest, der vor Han-

nah stand. «Genau diese ursprüngliche. Das ist unsere Tradition. Ehemals übernahmen wir das von den Türken, die über Bosnien herrschten. Nicht wahr, meine Kleine», und dabei neigte sie sich dem Kind zu, «das hat dir geschmeckt?», fragte sie. Kopfnickend strahlte Hannah sie an. «Das war noch ein kleiner Rest von gestern. So oft kann ich das gar nicht machen; denn es ist ein großer Aufwand. Aber wenn Sie das Rezept haben möchten», wandte sie sich an Sabine, «dann hole ich gern mein Kochbuch.»
Sabine schrieb das Originalrezept ab und staunte über die vielen gehaltvollen Zutaten.
Als sie das Rezeptbuch über den Tisch zurückreichte, fiel ihr Blick in die rechte Ecke des hohen Raumes. Sie entdeckte dort einen Korb mit großen und kleinen Zapfen. «Oh, das gibt sicherlich hübschen Weihnachtsschmuck?»
«Ja», antwortete die Schwester, «wir mögen Naturmaterialien, und besonders eine von uns ist eine wahre Künstlerin. Sie leitet uns an. Damit schmücken wir dann unsere Kapelle und natürlich die Esstische.»
«Und welche genussvolle Speise bereiten Sie üblicherweise zum Fest?», wollte Sabine unbedingt noch erfahren.
Freudig antwortete die Nonne: «Jedes Jahr kommen die Priester aus der kroatischen Gemeinde zu uns, sie stammen aus Dalmatien und genießen mit uns vor allem die süße *Rožata* als Nachspeise.

Es werden zwölf Eier mit fünfzehn Esslöffeln Zucker schaumig geschlagen, dazu kommt ein Liter Milch, Vanillezucker und Rum. Dann wird eine Form mit karamellisiertem Zucker ausgestrichen, alles hineingegossen und auf die Fettpfanne gestellt, die mit Wasser gefüllt ist. Dies wird circa zwei Stunden im Backofen bei kleiner Hitze gebacken. Nach dem Erkalten wird die Nachspeise gestürzt.»

Sie strahlte Sabine an. «Das bedeutet für uns alle auch ein Stück Heimat.»

Natürlich konnte Sabine das nachempfinden.

Es war Zeit zu gehen. Schwester Karla begleitete Sabine und Hannah bis zur Pforte, wo die drei herzlich voneinander Abschied nahmen und sich nochmal zuwinkten.

Bei Hannah war aller Schmerz inzwischen vergessen. Jetzt hüpfte und sprang sie nicht, sondern ging Hand in Hand mit ihrer Mimi und erinnerte sie an die Kerze.

Die große Kirchentür war noch nicht abgeschlossen. Also konnten Sabine und Hannah doch noch eine Kerze anzünden und auf den Ständer zu den anderen stecken.

Aufmerksam blickten sie ins Licht, und Sabine erfreute sich an Hannahs frohem Kindergesicht, ehe sie wieder nach draußen und zur Bushaltestelle gingen.

«Weißt du was, Mimi, es hat mir trotzdem gefallen, auch wenn ich mir wehgetan habe. Die Schwester war nett, nicht? Gehn wir da wieder mal hin?», fragte sie.

«Das kann schon sein», meinte Sabine, «aber wir zwei könnten auch irgendwann mal Baklava für uns machen. Das Rezept habe ich ja.»

«Au ja», jubelte Hannah, «aber genauso süß!»

Barbara Mürmann

Wie stellt man seinen Abt zufrieden?

Benediktiner-Abtei Pomposa bei Ferrara

Guido von Arezzo lebte um 980–1050 in der Toskana. Seine Ausbildung erhielt er in der Benediktiner-Abtei Pomposa bei Ferrara. Wegen seiner musikalischen Schriften überwarf er sich mit seinen Mitbrüdern und verließ das Kloster. Der Bischof Theobald von Arezzo stellte ihn als Lehrer an der Kathedralschule zu Arezzo ein, wo er u. a. den Chorknaben Musikunterricht erteilte.
Er revolutionierte die Notenschrift und verband sie mit einer Methode zur Schulung des musikalischen Gehörs (Solmisationsmethode). Die nach ihm benannte Guidonische Hand dient noch heute in veränderter Form als Gedächtnisstütze für die Zuordnung der Töne und das Anzeigen der Ganz- und Halbtonschritte.

«Guten Morgen, Bruder Guido! Du läufst jetzt fast eine Stunde sorgenvoll um unser Kräuterbeet herum und hast dabei schon einen Graben ausgetreten. Komm herein und lass uns reden!» Bruder Lucullus öffnete die Pforte zur Klosterküche und ließ Guido eintreten. Der ließ sich mit einem Seufzer am Tisch nieder, schaute aber sofort neugierig auf einen Mörser. «Was rührst du denn da zusammen, Bruder Lucullus, einen Brei für den Abt?» Lucullus lachte: «So etwas Ähnliches. Komm, hilf mir. Reib mal den Parmesan und zupf die Basilikumblättchen von den Stängeln, ich zerstoße inzwischen die Pinienkerne mit den Knoblauchzehen, jetzt verrühren wir alles mit etwas Salz und unserem schönen Olivenöl, und fertig ist mein Pesto. Wir beide essen es gleich zu unserem Brot, die Brüder bekommen es heute Mittag zu den Nudeln gereicht. Schmeckt es dir?» – «Köstlich», murmelte Guido, «du bist ein Glücksfall für unser Kloster – hingegen unser Abt mit seinen Ideen – gestern hat er mir eröffnet, wie er in diesem Jahr Weihnachten feiern möchte. So ein richtiges schönes Fest mit Gästen zur Geburt unseres Herrn Jesus. Ich soll unsere Chorknaben auftreten lassen, und die sollen zusammen mit den Mönchen viele neue Lieder singen. Weißt du, was das heißt? Weihnachten ist in zwei Wochen. Wie soll ich das mit unseren unmusikalischen Brüdern und den verspielten Chorknaben auf die Beine stellen? Wie soll ich ihnen die richtigen Töne beibringen? Wenn mir nichts einfällt, werde ich mich furchtbar blamieren, und darum habe ich einen Graben um dein Kräuterbeet getreten!»

Aber auch Lucullus hatte ein Problem: «Ja, ich weiß, unser lieber Abt. Er hat auch mit mir gesprochen. Er wünscht sich einen großen zarten Braten zum Fest. Du weißt, wie schlecht es um seine Zähne bestellt ist. Er hat schon Schwierigkeiten, wenn ich ihm Geflügel zubereite. Einen Braten, den er zu kauen imstande ist, gibt es einfach nicht. Was soll ich tun?» Guido lachte laut auf: «Ich gebe zu, auch darüber muss ernsthaft nachgedacht werden. Vielleicht fällt mir etwas ein, Bruder Lucullus.»

Die beiden Männer verabschiedeten sich voneinander. Guido ging in seine Kammer, um nachzudenken, während Lucullus, in Gedanken versunken, um das Kräuterbeet lief und den Graben vertiefte.

Am nächsten Morgen trafen sich beide wieder in der Klosterküche. «Na, wie war denn die erste Probe?», erkundigte sich Lucullus. – «Grauenvoll», sagte Guido niedergeschlagen, und dann berichtete er von den lustlosen Klosterbrüdern, die mit seinen Notenaufzeichnungen trotz farbig markierter Notenlinien nichts anfangen konnten, während sich die Chorknaben langweilten und lärmend herumalberten. Auch seine Methode, einen alten, wohl bekannten Johannes-Hymnus singen zu lassen und sich die Töne anhand der Anfangssilben der Zeilenanfänge (ut re mi fa so la) zu merken, fruchtete lediglich bei den geschulten Chorknaben. Die Mönche hingegen suchten noch verwirrter nach den richtigen Tönen und hatten keine Vorstellung davon, wie lange so ein Ton gehalten werden musste. «Du müsstest ihnen die richtigen Töne irgendwie anzeigen können», sagte Lucullus, «und auch die Dauer festlegen.» Dabei fuchtelte er gefährlich mit seinem großen Küchenbeil herum.

Guido sprang auf: «Ich glaube, ich hab's, Lucullus! Das habe ich dir zu verdanken, und für dein Weihnachtsbraten-Problem ist mir auch eben etwas eingefallen. Ich komme morgen wieder – ciao!»

Eine Stunde später versammelte er seine Sänger um sich und hielt die gespreizte linke Hand so hoch, dass jeder sie sehen konnte. Er deutete auf die Finger und sagte: «So, Leute, das sind die Notenlinien. Wenn ich auf einen Finger zeige, ist es ein bestimmter Ton auf den Notenlinien, wenn ich zwischen die Finger zeige, ist es ein bestimmter Ton zwischen den Notenlinien, und jetzt singen wir zuerst alle mal eine Tonleiter.» Die Chorknaben begriffen sofort, die Mönche kleckerten etwas hinterher und hängten sich an die richtigen Töne der Chorknaben. Aber, was ganz wichtig war, alle erkannten sofort die Länge des Tons, weil sie eifrig Guidos anzeigendem Finger folgten. Auf diese Weise lernten sie die ersten Gesänge, und Guido atmete erleichtert auf. Das Weihnachtsfest war gerettet.

Am Abend erschien er gut gelaunt bei Lucullus. «Es

klappt!», jubelte er, «sie fangen an zu begreifen, wir werden es schaffen. Und nun zu dir, Lucullus. Hol dein Küchenbeil und verschiedene Fleischsorten, Eier, altes Brot, Zwiebeln und so viele Kräuter, wie der Kräutergarten hergibt. Wir machen jetzt einen Probebraten.» Sie zerhackten das Fleisch in winzige Stückchen, rieben das Brot zu Krümeln, schnitten die Zwiebeln und Kräuter klein, und weil sie gerade dabei waren, auch noch eine rote und eine gelbe Paprikaschote und die Reste eines Schafskäses, der sich in der Küche fand. Sie vermengten alles mit den Eiern, würzten mit Pfeffer und Salz, formten aus der Masse einen Braten und stellten ihn für eine Stunde in den heißen Backofen. Das Ergebnis war überzeugend. Diesen köstlichen Braten würde auch der Abt problemlos genießen können.

An diesem Abend saßen Guido und Lucullus noch lange bei einem Glas Rotwein zusammen und unterhielten sich über das Leben im Kloster mit seinen strengen Gesetzen, von denen sie gerade eines gebrochen hatten, denn sie versäumten das Abendgebet der Mönche.

Der Weihnachtstag brach an. Das Refektorium war geschmückt und die Tische mit weißem Leinen gedeckt. Der Abt, seine Gäste und die Mönche schwelgten in den üppigen irdischen Genüssen. Der Braten war die Krönung des Mahles. Als dann im Kerzenschein die Chorknaben, von den Mönchen verstärkt, die neu einstudierten Gesänge anstimmten, wischte sich der Abt verstohlen eine Träne der Rührung aus dem Augenwinkel und lehnte sich in seinem Sessel zurück. «Heiliger Strohsack», entfuhr es ihm, und er ignorierte den strafenden Seitenblick des neben ihm sitzende Bischofs von Arezzo: «Ich bin froh, dem weltlichen Tun entronnen zu sein, um dieses schlichte Leben im Kloster zu führen. Es ist allerdings sehr anstrengend, die Brü-

der immer wieder zu neuen Höchstleistungen zu führen. Ich denke aber, dass diese Mühen sich lohnen. Bruder Guido und Bruder Lucullus werden den Ruf unseres Klosters dank meines Einflusses weit über die Grenzen Italiens hinaustragen, und spätere Generationen werden aufgrund meines Wirkens die Früchte ernten, die hier gesät wurden.»
Der Bischof wandte sich ab und lächelte weise.

Ingrid M. Schäfer

Schnäuze dich behutsam ...

Kloster Blaubeuren

Um diese ungewöhnliche Geschichte zu erzählen, müssen wir die Zeit um einige Jahrhunderte zurückdrehen und uns in das ehrwürdige Kloster Blaubeuren im Süden des Landes begeben, denn dort, am ersten Weihnachtstag des Jahres 1523, lernte Bruder Balthasar eine wichtige Regel für den Umgang mit Schutzengeln.

Balthasar war ein junger, fröhlicher Mönch, dessen Seele sich von den düsteren Schatten jener Zeit einfach nicht verdunkeln ließ. Ein heftiger Liebeskummer hatte ihn einst in die Klostermauern getrieben, und dort, voll bitterer Verachtung für das trügerische, schöne Geschlecht, hatte er sich zum Gelübde hinreißen lassen. Aber dann war sein Zorn verraucht, die Wunde in seinem Herzen vernarbt, und seine angeborene Frohnatur strebte unaufhaltsam wieder an die Oberfläche.

Er war ein Allround-Talent und brachte einen ganz neuen Schwung in die nüchternen Klostermauern.

Er verfeinerte die eintönige Speisekarte und brachte mehr Phantasie auf die Teller. Er komponierte neue, mitreißende Gesänge, darunter die beliebte Dankeshymne «Lob auf die Butterbrezel». Bei den reichen Pfeffersäcken der Stadt machte er Geld locker für die Kloster-Bibliothek. Und als Krönung seiner Aktivitäten (getreu seinem Wahlspruch *«Spiritus non potest habitare in sicco»* = Im Trockenen kann der Geist nicht wohnen) verbesserte er die Destillation des Klosterlikörs und brachte den Alkoholgehalt auf 40 %.

Die Bewunderung seiner Mitbrüder wuchs ins Unermessliche.
Seine Tage verflossen friedlich und in geebneten Bahnen, bis zu jenem Weihnachtsmorgen, an dem Balthasar mit einer bösen Erkältung durch den Klosterhof schlurfte. Hals und Nase waren völlig verschleimt, und in der bitterkalten Morgenluft rang er mühsam nach Atem. Um sich Erleichterung zu verschaffen, blieb er stehen, sammelte räuspernd eine geballte Ladung und spuckte sie im hohen Bogen vor sich aus.
Im gleichen Augenblick spürte er einen dermaßen heftigen Tritt auf seiner Sandale, dass ihm vor Schmerz das Wasser in die fiebrigen Augen schoss und er sich an die Mauer lehnen musste. Leise Verwünschungen vor sich hin murmelnd, humpelte Balthasar in die Klosterküche und hob unter der Öllampe seine Kutte hoch. Ein geschwollener, blau-violetter Zeh kam zum Vorschein, der von den herbeieilenden Mitbrüdern teilnahmsvoll begutachtet wurde.
Balthasar, der ihnen nicht erklären konnte, wie er zu dieser Verletzung gekommen war, erhielt zur seelischen Stabilisierung ein Glas Klosterlikör und wurde insgeheim wegen seines wirren Fieberkopfes bemitleidet. Die Erkältung schien dem Ärmsten sehr zuzusetzen …
Um zum Mittagessen ins Refektorium zu gelangen, musste Balthasar wieder den Klosterhof überqueren, und die schneidende Winterluft startete einen neuen Angriff auf seine verschleimten Atemwege. Er zog die Nase hoch, räusperte sich entschlossen, und wieder segelte eine beachtliche Bazillenladung vor ihm auf die Steinplatten.
Diesmal erhielt er eine Ohrfeige von solcher Wucht, dass er rückwärts in das verschneite Rosenbeet fiel. Vor seinen Augen tanzten grüne Sterne, und in seinem linken Ohr rauschte es wie ein Wasserfall. Es war jedoch nicht nur der

Schreck, der ihn so lähmte, sondern auch das Geräusch, das er kurz vor dem Schlag deutlich vernommen hatte. Wie das Flügelrauschen eines großen Vogels. Und ein scharfer Luftzug war an seiner Wange entlanggeglitten.

Der weise Abt Johannes, der Vorsteher des Klosters, war vom Eingang der Kapelle aus Zeuge dieses «Unfalls» geworden. Der Anblick des unglücklichen Mönchs, der wie ein Maikäfer auf dem Rücken im Schnee des Rosenbeetes zappelte, löste ein belustigtes Schmunzeln bei ihm aus. Er half dem Ärmsten auf die Beine, klopfte ihn an und führte ihn in den Vorraum der Kapelle.

«Bruder Balthasar», begann Abt Johannes mit mildem Vorwurf, «wenn du andauernd die Regel missachtest, darfst du dich nicht darüber wundern, wenn man so mit dir umgeht!»

Balthasar, mit schmerzendem Zeh und brennender Wange, noch immer halb benommen, starrte ihn verständnislos an. «Die Regel? Was für eine Regel??»

Abt Johannes' gütiges Gesicht wurde ernst. «Mein Sohn, unser Glaube lehrt uns, dass jedem Menschen ein Engel zugeteilt ist, der ihn beschützt. Daher lautet die Regel: *‹Schnäuze dich behutsam und spucke mit Umsicht wegen der Engel, die vor dir stehen!›* – Mit anderen Worten: Du hast deinen Schutzengel getroffen, und er hat dir eine passende Antwort gegeben!»

Jetzt rötete sich auch ohne Ohrfeige Balthasars andere Wange. «Mein Schutzengel? Ich habe meinen ... Grundgütiger Himmel!!! – Aber ich habe doch auch früher schon ausgespuckt, ohne dass er mir dafür eine geklebt hat!»

Der weise Abt Johannes lächelte fein. «Bedenke, dass uns jetzt in der Weihnachtszeit die Schutzengel viel näher stehen als sonst. Vergiss es nicht und spucke mit Umsicht – sonst wirft er dich vielleicht noch in den Karpfenteich!»

*

Zu dieser ungewöhnlichen Weihnachtsgeschichte ist noch nachzutragen, dass Bruder Balthasar ein sehr hohes Alter erreichte, ohne seinem Schutzengel noch einmal Anlass zur Empörung zu geben.
Stets schnäuzte er sich behutsam, und wenn er einmal spuckte, was sehr selten vorkam, tat er es dezent in ein Taschentuch. Und jedes Mal spürte er dann an seiner Wange einen milden Luftzug, wie das lobende Streicheln einer großen weichen Flügelspitze …

Bruder Balthasars Weihnachtslikör

(eignet sich ausgezeichnet als Geschenk!)

100 g weißer Kandiszucker
1 1/2 TL gemahlener Zimt
1/2 TL Kardamom
1 Vanilleschote
0,7 l Weinbrand
Als Behälter:
1 Flasche von 0,7 l
1 Karaffe von 0,7 l

Den Kandiszucker, die Gewürze und die aufgeschnittene Vanilleschote in eine saubere Flasche legen und den Weinbrand darüber gießen.
Im Kühlschrank zwei Wochen ziehen lassen.
Dann durch ein Filterpapier gießen und in eine hübsche Karaffe abfüllen. Gut verschließen.
In der verschlossenen Karaffe hält sich der Likör ca. 4 Wochen.

Kristine Freifrau von der Trenck

Zwischen Himmel und Erde

Die Meteora-Klöster in Griechenland

Endlich wieder in Griechenland! Hier, wo die weiten malerischen Täler Thessaliens in die gewaltigen Berge Zentralgriechenlands übergehen, sind sie zu finden, die Meteora-Klöster, Bergwunder von Hellas. Es ist über 30 Jahre her, dass ich in Kalambaka, der kleinen Stadt zu Füßen dieser Berggiganten, vor meiner Höhenangst kapitulierte. Staunend stand ich damals vor diesen geologischen Riesen und wunderte mich, wie die Natur so etwas fertig bringen konnte. Selbstverständlich gibt es eine plausible geologische Begründung: Diese Gegend bildete vor Millionen Jahren das Delta eines großen Flusses, der in einen See mündete. Als sich die Erdoberfläche veränderte, entstand das benachbarte Tempital, und das Wasser des Sees konnte in die Ägäis abfließen. Zurück blieb ein Berg aus versteinerten Flussablagerungen, der im weiteren Verlauf des Tertiärs zerbrach. Ergebnis sind die Meteorafelsen. Aber selbst diese logische Erklärung hätte mich zu jener Zeit keinen Zentimeter näher an die gewaltigen Felsformationen gebracht.
Doch heute will ich mehr wissen, will sehen und erleben, was mir seinerzeit verborgen blieb. Wieder liegen diese riesenhaften, bizarren Steinklötze wie Gestalten einer antiken Gigantenschlacht vor mir. Sie ragen fast 500 Meter in den Himmel. An den Hängen dunkelgrüne Bäume, hier und da ein spärlicher Bewuchs, die Kuppel der Felsen karg, dunkel und nur unterbrochen durch die hellen, weißen Wände der

Klostermauern. Bei diesem Anblick leuchtet mir ein, dass Asketen, die die Einsamkeit suchten, das Wagnis eingingen, in schwindelnder Höhe ihre Behausungen zu errichten. Hier konnten sie mit sich und ihren Gedanken allein sein. Und als ihre Zahl wuchs, bildeten sie Gemeinschaften, sie organisierten ihr Zusammenleben, und die ersten Klöster entstanden. Im Laufe der Jahre entwickelten sie sich zu einem kleinen Staatswesen, das während des 17. Jahrhunderts auf dem Höhepunkt seiner Blüte stand. Doch dann begann langsam der Verfall, und heute gibt es hier nur noch sechs Klöster, die bewohnt sind, von den anderen sind nicht einmal mehr Ruinen erhalten.

Ich blicke zu den wie Vogelnester auf den Fels gebauten Klöstern weit über mir und frage mich, auf welche Weise die Mönche damals dort hinaufgekommen sind. Ich kann die Spuren einer Art Treppe aus Holzklötzen in den Felswänden erkennen. In einem Reiseführer wird erklärt, dass sie später Strickleitern benutzten, und alle, die zu viel Angst davor hatten, wurden in einem Netz hinaufgezogen. Dieses Netz hing an einem dicken Seil und wurde mit Hilfe eines primitiven hölzernen Krans nach oben befördert. Wahrscheinlich bedeutete das eine halbe Stunde Angst für den Mönch, aber er hatte auch eine halbe Stunde Gelegenheit, mit seinem Gott zu reden. Seit 1922 war der Aufstieg dann keine Heldentat mehr, die Mönche schlugen Treppen in die Felsen, die mühevoll, aber sicher auf den Gipfel führten. Die Netze allerdings werden heute noch gelegentlich zum Transport von Proviant und sicherlich auch zur Freude der Besucher eingesetzt. Ich will es trotzdem nicht ausprobieren und benutze die heute gut ausgebaute Straße, die zu den alten ehrwürdigen Gebäuden hinaufführt, und parke meinen Wagen auf dem Felsen der «Heiligen Dreifaltigkeit»

vor dem schönsten kirchlichen Bau, der den gleichen Namen trägt wie der Berg.
Die Luft ist wunderbar klar und frisch, warmer Wind streicht über mein Gesicht. Im Südosten verschwimmt im Dunst die Thessalische Ebene, im Westen ragen die steilen Hänge der riesigen Bergketten des Pindos-Gebirges in den blauen Himmel. Gegenüber in der Felswand entdecke ich die Reste der Höhlen, in denen die Asketen lebten. Es sind primitive Holzbauten, eher Gerüste, die in den harten Stein gebaut sind. Vor meinem inneren Auge kann ich sie sehen, wie sie dort zwischen Abgrund und Adlerkrächzen zu ihrem Gott beten, einsam, abgekapselt und allein, immer in der Hoffnung auf die Erlösung nach dem Tod. Vergessen von der Welt und doch zufrieden mit ihrem Los.
Auf dem Felsen gleich daneben steht eines der imposant in den Himmel ragenden Klöster, in dem heute noch Mönche leben. Wäre kein Abgrund dazwischen, ich bräuchte nur wenige Schritte, um es zu erreichen. Mit dem Wagen dauert es sicher etwas länger. Doch der moosbedeckte Boden hier auf der kleinen Hochebene vor der Kirche lädt zum Verweilen ein. Ich strecke mich in der Sonne aus und blicke in den wolkenlosen Himmel. Das Vogelgezwitscher um mich herum mischt sich mit dem herüberwehenden leisen Ton der Klosterglocke, die die Mönche zum Essen ruft. Mit geschlossenen Augen denke ich darüber nach, wie die heiligen Männer wohl in heutiger Zeit ihren Tag gestalten. Sicher sehr spartanisch, gleichwohl die modernen Errungenschaften wie Elektrizität und Telefon nutzend. Doch zweifellos nur in unvermeidlichen Fällen. Wahrscheinlich züchten sie ihre Tiere selber, pflanzen und ernten ihr Obst und Gemüse. Ob vielleicht auch Getreide hier oben wachsen kann?

Der feine Duft von Thymian, Rosmarin und Oregano steigt mir in die Nase. Ich sehe mich suchend um, und mein Blick fällt auf einen sorgsam hergerichteten Kräutergarten im Halbschatten der Klostermauern. Neugierig trete ich näher. Hier grünt und blüht alles, was zu einem würzigen und schmackhaften Essen gehört. Gedankenverloren pflücke ich ein wenig Melisse und zerreibe sie zwischen meinen Fingern. Leichter Zitronengeruch steigt mir in die Nase. Langsam schlendere ich auf das Kloster zu, aus dem Inneren ertönen die sanften Gesänge betender Mönche. Vor mir eine weit geöffnete, schwere Holztür.

«Warum zögerst du, hereinzukommen?» Lautlos ist der mit einem weißen Umhang bekleidete Mönch an mich herangetreten. Er nimmt mich bei der Hand und geleitet mich in einen sparsam eingerichteten großen Saal. Die hohen Fenster bieten freien Blick auf die umliegenden Berge. An langen Holztischen sitzen die Mönche, vor sich einen schlichten Keramikteller, daneben ein Becher, auf den Tischen liegt frisch geschnittenes, duftendes Brot.

«Es ist nur ein karges Mahl, doch sei unser Gast und teile es mit uns.» Dieser mit freundlichem Nachdruck ausgesprochenen Einladung kann ich nicht widerstehen und folge dem Mönch an den Tisch. Nach dem gemeinsamen Gebet verteilen die Mönche gefülltes Huhn auf die Teller, die dazu gereichten Kartoffeln duften intensiv nach Oregano. Die Becher werden mit Wein gefüllt, der, rot und schwer, wie Samt über die Zunge rinnt. Nur das Klappern der Gabeln und Löffel ist zu hören, ab und an das leise Gluckern des Weines. Mir ist, als könne ich spüren, dass jeder hier für dieses Mahl dankbar ist. Friedliche Stille liegt über dem Raum.

Leises Glockengeläut dringt an mein Ohr, eine sanfte Brise

streicht über mein Gesicht, meine Nase kitzelt, ich öffne die Augen und schaue einer kleinen Biene nach, die sich nach kurzem Flug auf der leuchtend roten Blüte eines Oleanderbusches niederlässt. Ich empfinde ein intensives Glücksgefühl. Es legt sich um mich wie ein sanfter, weicher Mantel. Ich hatte einen schönen Traum. Und hinter dem hohen Tor der Kirche «Heilige Dreifaltigkeit» sehe ich die Zipfel einer weißen Kutte verschwinden.

Wieder zurück in Deutschland, ereilt mich das alltägliche Leben schneller als erwartet. Die Monate vergehen wie im Flug, und Griechenland scheint in weite Ferne gerückt. Da erreicht mich die Bitte, einen Beitrag zum Thema «Klösterliche Weihnachtsgeschichten» zu schreiben. Das ist die Gelegenheit, noch einmal nach Griechenland zu fahren. Doch halt, Weihnachten in Griechenland, wie soll ich mir das vorstellen? Für strenggläubige griechisch-orthodoxe Griechen dauert die Vorweihnachtszeit 40 Tage, und sie fasten zur Vorbereitung auf die Geburt Christi. Im orthodoxen Kirchenjahr spielt Weihnachten keine so große Rolle. Dort wird der 6. Januar besonders gewürdigt. Das ist der eigentliche Höhepunkt der griechischen Weihnachtszeit und der Tag, an dem Jesus von Johannes dem Täufer getauft worden sein soll. Das höchste aller kirchlichen und öffentlichen Feste ist allerdings das Osterfest.
Große Städte wie Athen und Thessaloniki unterscheiden sich zu Weihnachten kaum von anderen Großstädten in Europa, sie glitzern und leuchten, bunt geschmückte Tannenbäume haben das traditionelle Weihnachtsboot verdrängt. Doch auf den Dörfern und in den kleinen Städten mischen sich noch immer Glaube und Aberglaube. Am Morgen des 24. Dezember hört man in den Straßen die

Klänge von Triangeln, Glocken und Trommeln. Die Kinder ziehen von Haus zu Haus und singen die «Kalanda», Lobgesänge, die als Segen für das Haus gelten. Darum werden die Kinder als Glücksbringer mit kleinen Geschenken und süßen Kuchen belohnt. An diesem Tag entzünden die Menschen auch Weihnachtsfeuer zum Schutz vor den «Kalikanzari», das sind kleine verfressene Kobolde, die, angezogen von den Düften der Festtagsvorbereitungen, in den kommenden zwölf Nächten ihr Unwesen treiben sollen. Und das, was die Kinder in unseren Breitengraden am Heiligen Abend unter dem Tannenbaum erwartet, erfreut griechische Kinder am Morgen des 1. Januar – vor ihren Betten oder auf den Gabentischen finden sie die Geschenke, die «Agio Vassili» dort um Mitternacht abgelegt hat.
Und überhaupt, Winter in Griechenland? Da zeigt selbst Thessaloniki milde 18 Grad, Athen liegt im Sonnenschein, Kreta erlebt den lang ersehnten Regen, und Minusgrade gibt es sicher nur auf den höchsten Bergen der Insel. Der Peloponnes kann ebenfalls laue Temperaturen aufweisen, bei Kalavrita allerdings gibt es ein mit deutschen Mitteln gebautes Ski-Zentrum – nur, wie sieht es im Winter bei den Meteora-Klöstern aus? Die Entscheidung ist gefallen, ich mache mich also gegen Ende des Jahres wieder auf den Weg. Nach einer ruhigen Schiffsreise mit der Fähre von Triest erreiche ich die Hafenstadt Igoumenitsa. Hier betreten die meisten Auto- und Rucksackreisenden das erste Mal griechischen Boden, denn diese Stadt ist im Nordwesten Griechenlands der erste Fährhafen, den die Fähren von Italien aus anlaufen.
Die E 92, eine gut ausgebaute Straße, führt in Richtung Kalambaka. Das Wetter verschlechtert sich. Kaum dass ich die Stadt hinter mir gelassen habe, klatschen die ersten Re-

gentropfen auf den Wagen, es wird immer finsterer. Ein fürchterlicher Wolkenbruch, Blitz und Donner, und vor mir die gebirgige, stark befahrene Straße. Langsam, da kaum etwas zu sehen ist, schleiche ich über die Serpentinen, immer hoffend, dass mir kein Lastwagen entgegenkommt, denn dann würde es eng. Normalerweise soll diese Fahrt durch das Lahmos-Gebirge ein eindrucksvolles Ereignis sein, die Landschaft wird gelobt als eine der schönsten in diesem Gebiet. Doch wird diese Fahrt eher zum Nervenkitzel, denn das Panorama verschwindet völlig hinter dem Schleier der Regenmassen. Um diese Jahreszeit fällt fast überall in Griechenland sehr viel Regen, und es kann sogar sein, dass es hier in der Gegend schneit. Ich nähere mich den Bergen Zentralgriechenlands. Kurze Zeit später entdecke ich Schneereste neben der Straße. Ich habe Glück, das letzte Stück begleiten mich dicke weiße Schneeflocken auf meiner Fahrt nach Kalambaka.

Und dann liegen sie wieder vor mir, die Bergwunder von Hellas. Was für ein Unterschied! Die schneebedeckten hohen Berggiganten erscheinen mir wie aus einer anderen Welt. Schwere, dunkle Wolken verfinstern den Himmel. Sie hängen sehr tief, und es scheint, als würde es nicht lange dauern, und sie hüllen die Gipfel der Berge ein. Dünne, karge Baumkronen ragen wie schwarze Finger ins Firmament. Die einzelnen Kloster-Gebäude dort oben sind unter weißen, glitzernden Hauben kaum auszumachen. Die Straße, die hinaufführt, ist dicht verschneit und bestimmt unbefahrbar. Wie mögen die Mönche dort oben zwischen Himmel und Erde in dieser unwegsamen Zeit wohl leben? Ob sie die Tage mit Fasten und Beten verbringen? Und was tun sie, wenn ihre Vorräte erschöpft sind? Lassen sie sich mit dem Netz hinunter in den Ort, um Nachschub einzukaufen?

Ein scharfer, eisiger Wind peitscht durch die Straßen von Kalambaka. Ich flüchte in die große, warme Markthalle im Zentrum der Stadt. Hier auf dem überdachten, täglich stattfindenden Markt herrscht buntes und emsiges Treiben. Kräuterweiber bieten Duftendes aus den Bergen an, Lederwarenverkauf neben Fischständen, die nicht riechen, Honig, Schnaps und Zigaretten, es fehlt nichts. Knackiges Gemüse, Auberginen, Tomaten, Gurken, ab und zu auch die großen Gigantes – Bohnen von beachtlichem Ausmaß. Massenhaft leuchtende Orangen, noch hier und da mit Stiel und einem grünen Blatt daran, bedecken manche Auslage, knallgelbe Zitronen neben grünen Limonen, ein herrliches Farbspiel. Alles, was zur gesunden Ernährung geeignet ist, selbst die unterschiedlichsten Salate, werden angeboten. Und Kartoffeln! Überall zwischen den dargebotenen Waren Kartoffelberge. Hier finde ich die Ernte, die von Kreta kommt und auf dem Festland verkauft wird. Die Bäcker preisen ihre süßen Kuchen, Baklava und Melomakarona, das sind Honigmakronen, und jede Menge Brot und anderer Backwaren an. Und über allem liegt der Duft von frisch gebratenem Fleisch. Kleine Grills zwischen den einzelnen Ständen bieten Lamm gebraten, Lamm gebacken, Lamm-Souvlaki an. An wackeligen Tischen sitzen die Gäste und probieren, was aus den Töpfen und Pfannen kommt. Dazu gibt es – und das ist typisch – keine Pommes frites, sondern frische Kartoffeln in einem Kräutersud, der leicht rötlich schimmert, Olivenöl mit Tomate. Der Schlachter, gleich nebenan, bringt neues Fleisch, das Öl in der Pfanne qualmt, es zischt und brodelt, Nachschub für die nächsten Hungrigen.

Der Duft von starkem Kaffee zieht mich zu einem Stand, der hergerichtet ist wie ein kleines Café. Männer sitzen in

Gruppen zusammen, trinken, politisieren, lesen Zeitung oder lassen ihre Komboloi, eine Kette aus Perlen, die einem Rosenkranz ähnlich ist, spielerisch durch die Finger gleiten. Dieser Komboloi hat, wie ich seit langem weiß, keine religiöse Bedeutung. Mir steht der Sinn nach einem Kafedaki, griechischem Kaffee, aber sceto, ohne Zucker, denn die griechische Süße ist für meinen mitteleuropäischen Gaumen nur schwer auszuhalten. Gerade als ich mich nach einer Möglichkeit erkundigen will, zu den Klöstern hinaufzukommen, entdecke ich am Ausgang einen Mönch, der, beladen mit Körben und Tüten, den Rückweg in eines der Klöster antreten will. Draußen am Straßenrand steht ein einfacher Schlitten, der von einem betagten Pferd gezogen wird. Meine Frage, ob ich ihn begleiten darf, verwundert den Klosterbruder ein wenig, und so erzähle ich ihm von meinem sommerlichen, traumhaften Erlebnis und dass ich nun auf der Suche nach einem winterlichen Gericht aus einer Klosterküche bin. Wenn möglich, soll es eine weihnachtliche Speise sein, obwohl mir schon klar ist, dass feierliche und reichhaltige Essen, ob im Kloster oder außerhalb, bei den Griechen eher zu dem höchsten Fest der griechisch-orthodoxen Kirche, zu Ostern, stattfinden. Ein feines Lächeln erscheint auf dem Gesicht des heiligen Bruders, und seine hellgrünen Augen, fast verdeckt von der schwarzen Kapuze seiner Kutte, blitzen mich an. Stumm zeigt er auf sein Gefährt, lädt den Proviant ein, und nach einer guten Stunde Fahrt durch Schnee und Wind erreichen wir das tief verschneite Kloster. Der schweigsame Mönch lenkt den Schlitten vorbei an einigen bizarr in den Himmel ragenden kahlen Bäumen, vorbei an den dicken Klostermauern direkt vor den Eingang der Klosterküche.
Im Inneren dominiert ein großer Herd mit offenem Feuer,

über dem ein gusseiserner Topf, aufgehängt an kräftigen Eisenketten, hin und her schwingt. Von den schweren Deckenbalken baumeln dicke Büschel getrockneter Kräuter, die weiß getünchten Wände zeigen Spuren von Ruß. Griffbereit im Regal hinter dem mächtigen Holztisch stehen Töpfe, Tiegel und Pfannen. Im hinteren Teil der geräumigen, im schummrigen Licht liegenden Küche bemerke ich ein in den Boden eingelassenes Becken, in dem etliche Fische schwimmen. Lebende Nahrung, nicht schlecht. Gleich neben der hohen geschnitzten Holztür, die offensichtlich zu dem großen Refektorium führt, kann ich mehrere, in die dicke Steinwand eingelassene Nischen erkennen, in denen der Wein gelagert wird. Unweit des Bottichs, in dem vermutlich das Geschirr abgewaschen wird, befindet sich ein großer, halbrunder Backofen, aus dem einer der Mönche gerade würzig duftendes, warmes Brot herauszieht.

Es herrscht emsiges Treiben, und ich setze mich auf einen hölzernen Schemel gleich neben der Eingangstür, um die Klosterbrüder bei ihrer Arbeit nicht zu behindern. Schweigend entlädt der Mönch zusammen mit einem anderen Ordensbruder den Schlitten. Sie verstauen Kartoffeln, Gemüse, Obst und Getreide in den Vorratskammern, die sich hinter dem Fischbecken befinden. Sodann widmen sich die beiden der Zubereitung des abendlichen Essens. Tomaten, Knoblauch, Zwiebeln und Salat werden in einem mit kaltem, klarem Wasser gefüllten Bottich gewaschen, sodann zerkleinert und, angereichert mit Olivenöl, Zitronensaft und verschiedenen gehackten Kräutern, in tiefen tönernen Schüsseln angerichtet. Zwei Klosterbrüder, die auch an dem massiven Holztisch arbeiten, stapeln Keramikteller ineinander, sortieren Bestecke und stellen schlanke, weiß glasierte Weinpokale bereit, einfache Irdenware, nichtsdestoweniger praktisch, da es augenscheinlich Fayencen sind, und die halten die Temperatur des Weines besonders lange. Verteilt auf mehrere Tabletts bringen sie die zum Essen notwendigen Utensilien in den Nebenraum.

Ein anderer Mönch, bekleidet mit einer langen Küchenschürze über seiner Kutte, steigt auf eine kleine Fußbank und rührt in dem eisernen Topf über dem Herd. Er schnuppert, streut noch ein paar zerriebene Kräuter hinein, greift nach einem Löffel und probiert. Sein zufriedener Gesichtsausdruck signalisiert, dass er mit dem Resultat seiner Kochkünste einverstanden ist. Nun nimmt er eine große Kelle und füllt die Suppe in tiefe Terrinen. Es duftet appetitlich nach Linseneintopf. Das Brot wird aufgeschnitten, der Wein in Keramikkrüge gegossen, und nach einem kurzen, freundlichen Nicken in meine Richtung verschwinden die Mönche mit den Speisen und Getränken im Nebenraum. Leicht irritiert schaue ich ihnen hinterher. Mein Magen knurrt, doch ich begreife: Träume wiederholen sich im wirklichen Leben eben nicht.

Ich schaue aus dem hohen Fenster direkt neben meinem hölzernen Hocker. Draußen hat der Wind nachgelassen, und es hat aufgehört zu schneien. Die kahlen Baumwipfel ragen bewegungslos in den sternenklaren Himmel. Ein fahler Wintermond taucht die Berge in unwirkliches Licht. Es wird Zeit aufzubrechen. Gedankenverloren lasse ich meinen Blick noch einmal durch die im Halbdunkel liegende Küche schweifen, da spüre ich eine Hand auf meiner Schulter. Neben mir steht ein Mönch in einer langen, weißen Kutte. Mit einem Lächeln auf den Lippen reicht er mir einen mit Linsensuppe gefüllten Teller, ein Stück Brot, einen Löffel und einen mit dunkelrotem Wein gefüllten Becher und wünscht mir einen gesegneten Appetit.

Gefülltes Huhn in Zitrone

Zutaten für ca. 6 Personen

1 Huhn (ca. 2 kg)
Reis
Tomatensaft
Mandeln
Olivenöl
Salz, Pfeffer
Zwiebeln
Butter
Zimt
Rosinen
3 große Zitronen

Nachdem ich das Huhn gesäubert und gewaschen habe, salze und pfeffere ich es innen und außen. Die Innereien und die Leber werden klein geschnitten und zusammen mit den Zwiebeln in einer halben Tasse zerlassener Butter gebraten. Nun kommt eine Tasse Tomatensaft hinzu wie auch eine halbe Tasse zerkleinerter Mandeln, eine viertel Tasse Rosinen, eine halbe Tasse Reis und ein halber Teelöffel Zimt. Nachdem ich noch etwas Wasser hinzugetan habe, koche ich das Ganze eine kurze Zeit. Anschließend fülle ich das Huhn damit und nähe es zu. Ich bestreiche es mit Butter und lege es in eine Backpfanne (nicht zu klein). Der Saft der Zitronen und eine zweite Tasse Tomatensaft kommen über das Huhn, ebenso eine Tasse Olivenöl und eine halbe Tasse Wasser. Nun muss das Huhn bei mittlerer Hitze backen, bis es schön knusprig braun ist.

Oreganokartoffeln

Zutaten für ca. 6 Personen

1 1/2 kg Kartoffeln

Zitrone

Salz, Pfeffer

Olivenöl

Oregano

Ich schneide die geschälten Kartoffeln in längliche Scheiben und lege sie auf ein Backblech, gebe Salz, Pfeffer, den Saft von drei Zitronen und reichlich Oregano dazu und rühre alles gut um. Nun kommen noch eine Tasse Olivenöl und drei bis vier Tassen Wasser über die Kartoffeln, und dann muss das Ganze eine gute Stunde im Backofen backen.

Linsensuppe

Zutaten für ca. 6 Personen

3/4 kg Linsen
10 Knoblauchzehen
Zitrone oder Essig
Lorbeerblätter
2 Zwiebeln
Olivenöl
Tomatensaft
Pfeffer, Salz

Die Linsen waschen und in einem Topf ca. 5 Minuten in Wasser bei geschlossenem Deckel kochen lassen. Danach gieße ich die Flüssigkeit ab und gebe die klein geschnittenen Zwiebeln, die Knoblauchzehen, zwei Tassen Olivenöl und zwei Tassen Tomatensaft hinzu, außerdem noch ungefähr 6–7 Lorbeerblätter und ca. 5 Esslöffel Zitronensaft (kann auch Essig sein). Mit Salz und Pfeffer würze ich und fülle das Ganze mit der Menge Wasser auf, die die Dicke der Suppe bestimmen soll. Nun kann's kochen, bis die Linsen weich sind.

Knackiger griechischer Salat

Zutaten für ca. 3–4 Personen

1 großer Kopfsalat

2–3 kleine, saftige Tomaten

4 kl. frische Zwiebeln od. Lauchzwiebeln

1 Bund Dill o. a. wohlschmeckende Kräuter wie Thymian oder Estragon

Pfeffer, Salz

Öl

Essig oder Zitronensaft

etwas Knoblauchsaft

Ich schneide den Salat, nachdem ich die äußeren Blätter und den Strunk entfernt und den Rest sorgfältig gewaschen habe, in schmale Streifen, salze und pfeffere ihn und hebe die Kräuter und die klein geschnittenen Zwiebeln (entweder in Würfeln oder in hauchdünnen Scheiben) unter. Die saftigen Tomaten werden enthäutet und klein geschnitten ebenfalls unter den Salat gemengt. Anschließend gebe ich den frischen Zitronensaft zusammen mit kaltgepresstem Olivenöl in eine Schüssel, schlage beides zu einer dicklichen Flüssigkeit und gebe einen Hauch flüssigen Knoblauch dazu. Das Ganze wird über den Salat gegossen und vorsichtig, aber gut vermischt.

Margot Ernst

Verborgene Schätze am Schleiufer

Das adlige St.-Johannis-Kloster in Schleswig

Viele Menschen besuchen jährlich Schleswig und ganz besonders die Sehenswürdigkeiten rund um den Schleswiger Dom. Nur wenige aber wissen, dass sich ein wahres Kleinod, das hochadelige Jungfernkloster St. Johannis, ebenfalls auf dem Holm befindet. Das St.-Johannis-Kloster ist der am besten erhaltene Klosterkomplex in Schleswig-Holstein. In einer reizvollen, parkähnlichen Anlage mit einem schönen Baumbestand, der schneebedeckt einen besonderen Charme besitzt, liegt es unmittelbar an der Schlei. Den idyllischen Weg zum Kloster mit der denkmalgeschützten Lindenallee und dem alten Kopfsteinpflaster mögen schon unzählige Füße gegangen sein. Der ehemalige Sitz des Benediktinerordens, das St.-Johannis-Kloster, wurde 1196 gegründet.

Stadtchronisten und Historiker sind sich darüber nicht einig, ob zwischen der Klostergründung und der Schließung des ehemaligen Schleswiger Doppelklosters «St. Michael» ein «unheilvoller» Zusammenhang bestand. Das gemeinsame Leben der Benediktiner-Nonnen und Zisterzienser-Mönche soll zu einem tiefen Grad der Sittenlosigkeit geführt haben. Die Mönche hätten «die ganze Nachbarschaft mit dem Geruch ihres schlechten Rufes verunreinigt und ihr Kloster in eine Räuberhöhle und ein Bordell verwandelt», klagte 1289 ein unbekannter Schreiber. Diese skandalösen Zustände veranlassten den Bischof um 1190, das Kloster aufzulösen. Die Mönche wurden in das neue Kloster Guldholm am Langsee geschickt, die Nonnen in das ausschließlich Frauen vorbehaltene St.-Johannis-Kloster «strafversetzt». Ob sich alles so zugetragen hat, ist heute umstritten. Als sicher gilt, dass der Nonnenkonvent bei einer bereits bestehenden Pfarrkirche auf dem Holm angesiedelt wurde. Die Kapelle, die heutige Kirche des Klosters und der alte Friedhof sind die ältesten Teile und waren schon vorhanden, bevor das Kloster erbaut wurde.

Um 1299 wurde das Kloster durch eine Feuersbrunst stark verwüstet und in große Armut versetzt. Mit Brandbriefen ihrer Klostervorsteherin, der Priorin, versehen, zogen die obdachlosen Nonnen durch das Land, um Gelder für den Klosterneubau zu erbetteln. 1347 hatte das Kloster den Schaden weitgehend überwunden. Dann kam die Pest, der «schwarze Tod», ins Land und brachte das Kloster 1358 dem Untergang nahe. Stürme und Hochwasserfluten der Schlei verursachten ebenfalls schwere Schäden. Später aber leuchtete ein freundlicher Stern über dem St.-Johannis-Kloster, es gelangte allmählich zu Besitztümern und Wohlstand. Zeitweise stand auch anstatt einer Priorin ein Prior mit einigen Vikaren an der Spitze des Klosters. Einer der berühmtesten mag wohl der Prior Clesper gewesen sein, dessen Grab sich in der Klosterkirche nebst vielen anderen mehr befindet und von dem eine lateinische Inschrift rühmt, dass ihm «an Demut keiner gleich war».

1487 fiel das Kloster erneut einem Brand zum Opfer, wesentliche Teile der Kirche und Klausurgebäude wurden vernichtet. Trotzdem gelang es dem Kloster gegen Ende des 14. Jahrhunderts, seine wirtschaftliche Lage dauerhaft zu stabilisieren. Stiftungen und Spenden von Adel und Bürgertum verschafften ihm bedeutende Liegenschaften zu beiden Seiten der Schlei. Noch Ende des 19. Jahrhunderts betrug der Grundbesitz des Klosters über 6500 ha und bestand aus drei Kirchen, 84 Bauernhöfen, vier Mühlen und rund 140 kleineren Landstellen. Gegen Ende des vorigen Jahrhunderts veräußerte der damalige Klosterpropst Rochus von Liliencron aus heute schwer nachvollziehbaren Gründen die gesamten Besitztümer. Der Erlös von fast einer Million Goldmark ging durch die Inflation 1923 und die Währungsreform 1948 fast vollständig verloren, sodass die wirtschaftliche Basis des Klosters wieder so schmal ist wie am Beginn seiner Geschichte.

Als die Klöster im Zeitalter der Reformation durchweg aufgehoben wurden, konnte es die schleswig-holsteinische Ritterschaft, der alteingesessene Adel, erreichen, dass die vier Frauenklöster, neben Schleswig in Itzehoe, Uetersen und Preetz, im Land erhalten blieben und der Ritterschaft zur Versorgung ihrer unverheirateten Töchter überlassen wurden. Seit 1527 zählt das St.-Johannis-Kloster damit zu den so genannten adligen Klöstern. Trotz mancher zeitbedingter Wandlungen in der Klosterverfassung sind die wichtigsten Strukturen im Leben des adligen St.-Johannis-Klosters von der Reformation bis heute unverändert geblieben. Die Priorin führt das Kommando in den inneren Angelegenheiten des schwesterlichen Bundes, ihr zur Seite steht der Klosterpropst, der zusammen mit der Priorin für die Verwaltung des Klostervermögens verantwortlich zeichnet und aus den Reihen der Ritterschaft stammt. Die Entscheidung über die Besetzung dieser Leitungspositionen trifft der Klosterkonvent in geheimer Wahl. Es ist üblich, dass die adligen Familien ihre Töchter bereits bei der Geburt in das Kloster einschreiben lassen. Das Kloster erteilt dann ein Zertifikat über die Expektanz – gewissermaßen einen Optionsschein für einen Eintritt in das Kloster. Der «Ernstfall» tritt jedoch erst dann ein, wenn die Heiratsaussicht des «expektivierten Fräuleins» zu den überwundenen Hoffnungen gehört und gleichzeitig in dem kleinen exklusiven Kreis der 10 Konventualinnen, der Stiftsdamen, ein Platz frei geworden ist.

Bis weit in das 20. Jahrhundert war es üblich, dass die Konventualinnen im Kloster wohnten. Heute sind es nur noch wenige Klosterangehörige, die ihr kostenloses Wohnrecht in dem mittelalterlichen Stift nutzen. Die anderen haben sich teils beruflich engagiert und leben außerhalb der Klostermauern. Sie behalten aber ihr Wohnrecht im Kloster, mit dem sie sich weiterhin identifizieren. Teilweise sind heute die Wohnungen renoviert, und es ist nichts Besonderes, «im Kloster zur Miete zu wohnen». So werden die Räumlichkeiten genutzt, und Geld für die Renovierung und Restaurierung kommt zusammen. Dieses Miteinander in den Regeln des klösterlichen Konvents bleibt für den flüchtigen Besucher, der den abgeschiedenen Gebäudekomplex betritt, nahezu unsichtbar. Die derzeit amtierende Priorin, Henny von Schiller, ist ein Geschenk des Himmels für das Kloster. Sie ist eine «wahnsinnig interessante Frau», wie vor kurzem in einer Tageszeitung über sie berichtet wurde, als sie die goldene Ehrennadel des Schleswig-Holsteinischen Heimatbundes verliehen bekam. Mit berechtigtem Stolz berichtet sie, dass sie 133 Kinder hat. Henny von Schiller war Kindbettpflegerin in Privathäusern, und noch heute hängen an den Wänden in ihrer Wohnung unzählige Erinnerungsbilder. Natürlich ist die Freude jedes Mal groß, wenn «ihre» Kinder sie besuchen kommen. Berlin, Dresden, sie war fast überall zu Hause in den 40 Jahren ihrer Tätigkeit. Danach hat sie ihre im Rollstuhl sitzende Mut-

ter 10 Jahre lang gepflegt, und heute ist sie der Antrieb im St.-Johannis-Kloster und steckt voller Ideen. Eine beachtliche Leistung für eine 84-jährige Dame!
Seit mehr als 10 Jahren wird ein Mitternachtsgottesdienst in der Klosterkirche gehalten, und jetzt werden Weihnachtsgeschichten im Remter des Klosters in der Adventszeit vorgelesen. Von weit über die Grenzen von Schleswig-Holstein hinaus kommen Märchenerzähler und nutzen die einmalige Kulisse und das großartige Ambiente des Klosters für Märchen aus aller Welt. Kinder und Erwachsene werden gleichermaßen angezogen, und, das ist der Zweck der Veranstaltung, sagt die Priorin unverblümt, es kommt auch etwas Geld in die Klosterkasse, die bekanntlich leer ist. Konzerte, Trauungen, Taufen oder was sonst an kirchlichen Festen in einer Kirche gefeiert wird, alles kann auch in der altehrwürdigen Patronatskirche des Klosters geschehen.
Die Priorin kümmert sich um alles. Renovierungs- und Handlungsbedarf zeigt sich an allen Ecken und Kanten des Klosters und der Klosterkirche. Im Klostergarten vor ihren Fenstern sammelt sie die Quitten auf und kocht «Klösterliches Quittengelee», das in kleinen Gläsern mit liebevoller Aufschrift auf dem nahen Wochenmarkt am Holm verkauft wird.
Sobald die Priorin ihren kleinen Korb mit den unzähligen großen und kleinen Schlüsseln zur Hand nimmt, beginnt eine exklusive Führung durch das Klosterareal. Auf dem kleinen Klosterfriedhof erinnert ein Grabstein an den Kantor Carl Gottlieb Bellmann, der 1843/44 in der Abgeschiedenheit des St.-Johannis-Klosters die Landeshymne «Schleswig-Holstein meerumschlungen» komponierte. Der Weg in das Innere des Klosters führt durch einen schmalen, noch aus dem Mittelalter stammenden Durchgang.

Durch den Kreuzgang verläuft der Weg weiter. Die schlichte Schönheit dieser Klosteranlage beeindruckt und fasziniert den Betrachter gleichermaßen. Die Kostbarkeiten im Remter und die Totenschilde mit den Wappen verstorbener Konventualinnen und Priorinnen fallen ins Auge. Die Erben der Toten ließen diese aus Messingblech gefertigten Flachreliefs jeweils in zweifacher Ausfertigung herstellen. Ein Exemplar wurde in der Kirche, das zweite im Remter aufgehängt. Das war eins der ersten Dinge, die mir Henny von Schiller zeigte: Ihr Totenschild bewahre sie für den Fall aller Fälle hinter der Kommode ihrer Wohnung auf. Es habe allerdings schon leicht Patina angesetzt, fügte sie scherzend hinzu.

Die Klosterkirche ist reich an Schätzen. Nur das wertvolle silberne Altargerät des Klosters ist teilweise im Städtischen Museum Schleswig ausgestellt. Dieser ältere sakrale Kunstbesitz wurde im vorigen Jahrhundert ergänzt durch einen bedeutenden weltlichen Zugewinn. Die Schwester der in den Jahren 1864 bis 1875 amtierenden Priorin Ulrika von Pogwisch war mit August, dem einzigen Sohn Johann Wolfgang von Goethes, verheiratet. Beim Tod der Priorin gelangten klassizistische Leuchter und das Tafelsilber aus dem Hause des Dichters in den Besitz des Klosters. Aus der Zeit dieser Priorin konnte ich im Landesarchiv in Schleswig die Instruction und Bestallung für den Kloster-Nachtwächter Claus Reimer nachlesen:

Der Klosternachtwächter hat jede Nacht, und zwar von Mitternacht 12 Uhr bis 5 Uhr morgens, auf dem Klosterhofe und dessen nächster Umgebung Wache zu halten und stündlich durch deutliches Blasen auf dem ihm übergebenen Horn und an den näher angegebenen Plätzen den Stundenwechsel anzukündigen. Das Wachtrevier ist genau

beschrieben, auf eigene Rechnung musste er sich einen wachen Hund halten. Außer freier Wohnung und Garten erhielt er 345 Mark an Lohn im Jahr ausgezahlt zu vierteljährlichen Terminen. Von der Frau Priorin zu Martini 1 Mark 50 Pfennig und zu Fastnacht 75 Pfennige, von jeder der 9 Conventualinnen zu Martini 75 Pfennig und zu Fastnacht 38 Pf. Pro Stunde erhielt er 25 Pfennig für das Reinigen des Klosterhofes. Gleichfalls hatte er die Closeteimer der Klosterbewohner auszutragen, wofür ihm von denselben für jedes Closet alljährlich 3 Mark zu zahlen sind. Anzünden und Putzen der Laternen auf dem Klosterhof und weitere Dinge, die auf Anordnung des Klostervogts ausgeführt werden sollten, es war alles genau schriftlich geregelt. So sind aus der Zeit der Priorin Pogwisch Briefe erhalten, die den unterwürfigen Zeitgeist der damaligen Epoche widerspiegeln. So schreibt aus Weimar am 30. Dezember 1815 Ulrike von Pogwisch an die Äbtissin: «Mit dem größten Vergnügen ergreife ich die Feder um Ihnen Hochwürdige Frau bei dem eingetretenen Jahres Wechsel meinen Glückwunsch darzubringen und bei dieser Gelegenheit das Andenken an mich zu erneuern.» Der Brief endet mit dem Satz: «Dürfte ich noch eine ganz unterthänige Bitte wagen, so wäre es die, die Gnade zu haben, mir bekannt zu machen, ob ich mir schmeicheln darf, bald so glücklich zu sein, mit Ihnen zu wohnen.» Gleichfalls werden in diesen Briefen auch andere Damen, die Interesse am Kloster haben, vorgestellt oder vorgeschlagen. So unter anderem «... meine Großmama bittet euer Hochwürden, sie der Frau von Schmettau zu empfehlen. Nie werde ich aufhören in der größten Ehrerbietung zu verbleiben.»
Ein Hauch dieser großen, alten Achtung und Tradition liegt noch heute in der Luft, wenn der Besucher durch die

Gänge des Klosters wandelt. Wenn Henny von Schiller von so manchen Erlebnissen erzählt, bemerkt man in ihrem Gesicht den tiefen Ernst und die Würde, auch wenn es um scheinbar kleine Dinge geht. Wild oder Geflügel habe es früher immer zum Weihnachtsfest gegeben, erzählt sie, aber in den letzten Jahren sei sie zumeist alleine zum Fest gewesen, und da hätte sich ein großer Festbraten nicht gelohnt. Über dem alten Herd steht noch heute lesbar: «Jedes Ding an seinen Ort, erspart viel Zeit, viel Zorn und Wort.» Im Remter, dem Speisesaal des Klosters, wo sich das mit Dämonenfiguren und Fabelwesen reich verzierte Gestühl der Nonnen befindet, wurde früher getafelt. Es bedarf wenig Phantasie, um sich vorzustellen, wie die Stiftsdamen allesamt wohl gekleidet zum Festmahl an der fein eingedeckten Tafel saßen.
Für einen ***Gänsebraten «à la Kloster»*** nennt sie folgendes Rezept:

Für 10 Personen
1 Gans 4,5–6 kg schwer
1,5 l Wasser
500 g Äpfel und Maronen
50 g Salz
5 Stängel Beifuß
1 Zwiebel

Die nach Vorschrift vorbereitete Gans wird gesalzen, mit den entkernten Äpfeln und dem Beifuß gefüllt und dann zugenäht. In der Pfanne wird sie mit 1 l kochendem Wasser übergossen. Es muss darauf geachtet werden, dass die Gans in der ersten Stunde keine Farbe bekommt, da sie sonst zu trocken wird. Einkochtes Wasser muss ersetzt werden. Man brät die Gans bei nicht zu starker Hitze 1,5 Std., indem man sie fleißig begießt, bis sie sich hellbraun gefärbt hat. Wenn die Soße noch nicht bräunlich ist, nimmt man die Hälfte der Brühe aus der Pfanne und gießt diese in der nächsten Stunde allmählich wieder hinzu. Sollte die Soße zu dunkel werden, gießt man kochendes Wasser nach. In der letzten Viertelstunde darf man die Gans nicht mehr begießen. Man spritzt etwas kaltes Wasser darauf, dann brät die Haut hart. Wenn die Gans weich und schön braun ist, was nach Alter und Größe 1,5 bis 2,5 Std. dauert, wird sie angerichtet. Von der Soße wird so ziemlich das ganze Fett entfernt, dann wird sie dazu gereicht. Zur Gans wurden selbst eingemachter Rotkohl aus dem Fass und Kartoffelklöße serviert. Weiter nennt sie Ringäpfel als Nachtisch. Diese werden in Scheiben geschnitten und mit Rumkorinthen und Zitronenschale mit wenig Wasser bedeckt weich gekocht und nach Gefallen nachgesüßt.

Wo «klösterliche Beziehungen» bestanden, wurden auch edle Tropfen von der Ahr und dem Breisgau gegen Dinge des Nordens getauscht. Der Weinkeller im Kloster sei früher stets gut gefüllt gewesen, aber das sei schon lange nicht mehr so. Zwar habe sie ihr Auskommen, berichtet Henny von Schiller, aber der Geldbeutel ist schmaler geworden. Jede Einnahme, die sie für das Wohl des Klosters bekommt, wandert strikt in das dafür vorgesehene Töpfchen, zur Erhaltung eines wahrhaftigen Kleinods.

Dagmar Günther

Nur eine Hand voll Salz

Kloster Eldena am Greifswalder Bodden

«Jesus, Maria!» Katarina schrie auf. Zu spät. Mit einem Platschen tauchte der Salztopf im schmutzigen Wasser unter, und auf ihrer blütenweißen Schürze wuchs ein hässlicher Schmutzfleck. Toll, Lisa hatte den Wischeimer genau neben der Kochstelle abgesetzt. Wut stieg in Katarina auf: «Dieses verdammte Küchenmädchen!» Bestimmt war sie wieder einmal verliebt und verschwendete ihre Gedanken an sonst wen. Wo steckte sie überhaupt? Doch, was half's, das Salz war futsch! Katarina lief in die Speisekammer. Als hätte sie es geahnt: nur ein paar Krümel ließen sich noch am Grunde des Salzsäckchens zusammenkehren. Die reichten allenfalls für die Suppe am Freitag, doch zum Advents-Sonntag hatten die Herrschaften die Nachbarn zum Gänsebraten eingeladen. Ohne Salz war sie aufgeschmissen, und das wurde heutzutage mit Gold aufgewogen. Sollte sie der Herrin alles beichten? Nein, kam überhaupt nicht infrage. Womöglich würde sie ihre Stellung als Köchin verlieren. Wer sollte dann für die Mutter und die vier kleinen Geschwister sorgen? Sie könnte den Händler Kuno um Salz bitten. Aber ob der ihr etwas geben würde …
Sie musste es versuchen. Katarina hüllte sich in ihren warmen Umhang und lief zum Markt. Es schneite dicke Flocken. Kuno stand mit seinen Salzsäcken wie immer neben dem Fischstand. Langsam steuerte sie auf ihn zu. Er grinste und winkte sie heran: «Was führt dich zu mir, schöne Katarina?» – «Salz», sagte sie, so fest sie konnte. – «Ihr habt

erst für nächste Woche bestellt. Aber wenn du mich so nett bittest», säuselte er anzüglich und zog sie zu sich heran. «Und wie viel Gold hast du?» – «Ich wollte doch nur eine Hand voll leihen», flüsterte sie. – «Leihen», schrie Kuno so laut, dass sich alle nach ihnen umwandten. Er lachte auf und zischte: «Bin ich neuerdings Pfandleiher. Aber ich wüsste schon etwas ...» Lüstern griff er nach ihr. Erschrocken wich sie zurück und rannte davon. Tränen rollten über ihr Gesicht. Sie irrte durch die Gassen, rutschte aus und kam nur mühsam wieder auf die Beine. Frierend ließ sie die Stadt Greifswald hinter sich.

Auf den Vorstadtwiesen stapften ihr drei Männer in grauen Kutten entgegen. Sie kämpften sich durch den anwachsenden Schnee. Das mussten Mönche vom nahen Kloster Eldena sein. Sie erinnerte sich noch gut daran, wie diese Ehrfurcht einflößende, backsteinrote Anlage plötzlich aus dem Nichts auftauchte, damals beim Osterspaziergang mit den Herrschaften ... Die Herrin hatte gespottet, als Katarina den Blick von der beeindruckenden dreischiffigen Basilika kaum abwenden konnte. Eine Köchin hatte sich für so etwas nicht zu interessieren. Katarina spürte keine Kälte mehr. Der Himmel musste die Zisterzienser geschickt haben, denn ihnen gehörten die Salinen, wo das Salz gewonnen wurde. Ihre Gedanken überschlugen sich: Gewiss, es war den Frauen untersagt, diese Einsiedler anzusprechen. Aber wenn sie doch ihre letzte Hoffnung waren.
Katarina eilte zunächst vorüber, senkte gehorsam den Blick und tat, als sehe sie die drei überhaupt nicht. Aus sicherer Entfernung beobachtete sie: Zwei schritten forsch voran und unterhielten sich angeregt. Der Dritte schien in Gedanken versunken und fiel immer mehr zurück. Sie muss-

te es wagen. Sie wendete und schlich zu ihm. Er hatte seine Kapuze tief ins Gesicht gezogen und murmelte etwas vor sich hin. Katarina zupfte ihn an der Kutte. Keine Reaktion. Sie rempelte ihn leicht. Ein empörtes «Es ist verboten ...» kam aus dem Innern. – «Seid barmherzig, helft mir», flehte sie. – «Ich wüsste nicht, womit!» – «Ich brauche Salz.» – «Das gibt's bei Kuno auf dem Markt.» – «Nicht für mich, ich hab's verschüttet, kann's nicht bezahlen. Meine Herrschaft wird mich entlassen ...» – «Es reicht, scher dich davon, Weib», schimpfte er und stieß sie heftig fort. Ihr Umhang verrutschte, und seine Kapuze flog vom Kopf. Er schaute in ein wunderschönes Gesicht mit rehbraunen Augen und sie in zwei, so blau wie das Meer. Sie wich zurück, wandte sich ab. «Seid morgen in der vierten Stunde bei der alten Eiche am Osttor des Klosters Eldena.» Er stülpte sich die Kapuze über und stürmte davon. Katarina blickte ihm erstaunt hinterher.

Schnell hatte er die Brüder Andreas und Stefanius eingeholt. «Was trödelst du nur immer, Benedikt», maulten die. «Du weißt genau, wir haben es eilig.» Das Schneetreiben wurde immer heftiger. Die drei beschlossen schließlich, umzukehren und die Salzpfannen im Rosenthal doch nicht mehr aufzusuchen. Pech für Benedikt, denn dort wäre es ein Leichtes gewesen, etwas Salz verschwinden zu lassen. Nun musste er sich etwas anderes einfallen lassen. Was war überhaupt in ihn gefahren. Lohnte es sich, so viel zu wagen wegen eines Weibes?

«Wo treibst du dich herum?» Die Herrin war wütend. – «Auf dem Markt nach den Fischen sehen ...», stammelte Katarina. – «Wenn ich mich recht erinnere, liegt der Markt

nicht in der Richtung, aus der ich dich habe kommen sehen. Aber darüber reden wir noch. Jetzt steh hier nicht herum. In einer halben Stunde erwarten wir Gäste. Hurtig, ab in die Küche!» Katarina atmete auf. Später würde ihr schon eine Ausrede einfallen. Rasch setzte sie Wasser auf. Danach holte sie die Weinbecher aus dem Schrank und polierte sie blitzblank. Die Herrin sollte keinen Grund zur Klage haben. Beim Aufschneiden des Brotes kam sie ins Grübeln: War es recht, den Mönch anzusprechen? Würde er wirklich Salz für sie besorgen? Warum sollte er? Womöglich würde er nicht kommen oder sie gar verraten! Ihr wurde bang ums Herz. Aber diese meerblauen Augen, die konnten doch unmöglich lügen ...
«Na Kati, welchem schönen Mann gehören deine Gedanken.» Katarina schrak auf und wurde dunkelrot. «Erwischt!» Lisa griff sie bei den Händen und wirbelte sie in der Küche herum. – «Spinnst du! Binde dir gefälligst eine frische Schürze um und hilf mir beim Tischdecken. Und dann habe ich mit dir sowieso noch ein Hühnchen zu rupfen», schimpfte Katarina.

Benedikt war außer sich. «Dieses verdammte Mistwetter!» Im Dormitorium, dem Schlafsaal der Mönche, warf er sich eine trockene Kutte über. Der graue grobe Stoff kratzte. Ach, vielleicht bald schon würde er diese graue durch eine feine weiße mit einem schwarzen Überwurf ersetzen. Er hatte sie schon oft im Vestiarium bewundert. Immer dann, wenn Stefanius in der Kleiderkammer Dienst tat und ihn kurz hineinließ. Aus dem grauen Laienmönch, dem Konversen Benedikt, könnte ein weißer, dem Konvent angehörender Priestermönch werden. Abt Regenius hatte es ihm angedeutet, vielleicht schon nach zwei Weihnachten. Und der hielt, was er versprach. Allerdings hatte auch Benedikt etwas geschworen, nämlich treu zu den Zisterziensern zu stehen und die Ordensregeln zu befolgen: also innere Umkehr und Abkehr von allem Weltlichen sowie absoluter Gehorsam dem Abt gegenüber. «Ora et labora» (bete und arbeite) hieß der Leitspruch. Daran hielt er sich ja auch, meistens jedenfalls. Manchmal war er etwas verträumt, aber seine Arbeit – ob in der Salzpfanne oder in der Klosterküche – hatte er noch nie vernachlässigt. Er gehörte nicht zu den Plappermönchen, die dem Abt oder seinem Stellvertreter, dem Prior, die Geheimnisse ihrer Ordensbrüder verrieten. Inständig betete er zur Jungfrau Maria, der Hauptpatronin der Kirche, feierte siebenmal am Tag den Gottesdienst, von der morgendlichen Vigil bis zur nächtlichen Komplet.

Er setzte sich auf seine Pritsche und sann nach: Was hatte ihn nur geritten, dem Weib das Salz zu versprechen? Es musste der Teufel gewesen sein, der Teufel der Versuchung in ihrer Gestalt. Der Abt hatte ihn immer gewarnt. Aber was wusste der schon von Weibern, ein Auserwählter, der gewiss noch nie einem Mädchen in die Augen gesehen hatte. Oh, wie wunderbar waren diese braunen Augen …

«Benedikt, wo steckst du? Der Gottesdienst hat bereits begonnen.» Es war Andreas, der ihn aus seinen Träumen riss. Schnell eilten sie durch die Pforte, die den Schlafsaal mit der Kirche verband. Der Abt schien ihr Zuspätkommen glücklicherweise nicht zu bemerken. Unendlich lange zog sich das Gebet hin. Benedikt fiel es schwer, sich zu konzentrieren. Seine Gedanken kreisten um das Mädchen und das Salz.

*

«Katarina, Katarina … Noch hast du mir keine vernünftige Erklärung für dein Wegbleiben gestern gegeben und willst heute schon wieder fort. Was soll ich davon bloß halten?» Die Herrin schien jedenfalls nicht sauer zu sein. Lisas Rat, die Flucht nach vorn anzutreten und gleich noch ein paar freie Stunden einzufordern, war goldrichtig. Woher kannte die nur solche Tricks? «Ja, was ist denn los, dass du so viel freie Zeit brauchst?» – «Meine Mutter ist krank», Katarina wunderte sich selbst, wie leicht ihr diese Lüge über die Lippen kam. – «Nun gut, aber du bist zurück, ehe es dunkel ist. Und Lisa hat da zu sein, falls ich am Nachmittag jemanden brauche.» – «Ja, Herrin!» Katarina und Lisa machten einen tiefen Knicks. In der Küche kicherten sie und umarmten sich. Katarina hatte Lisa nicht die volle Wahrheit gesagt. Sie musste ja nicht wissen, dass der Mann, mit dem sie sich treffen würde, ein Mönch war.

Benedikt sah keinen anderen Ausweg. Er musste etwas Salz aus dem Cellarium (Vorratskeller) «besorgen». Sein Versuch, Bruder Johannes beim Küchendienst etwas abzuschwatzen, war gründlich fehlgeschlagen. «Wie käme ich dazu, dir Salz zu geben. Frag den Abt. Der erfüllt dir doch jede Bitte. Wenn du freilich mir auch jeden Wunsch …» Johannes' süffisantes Lächeln hatte ihn zutiefst irritiert.

Doch der hübsche junge Benedikt mit den meerblauen Augen war so manchem ein Dorn im Auge, seit die Spatzen von den Klosterdächern pfiffen, dass Regenius ihn zum Priestermönch berufen wollte. Argwöhnisch wurde jeder seiner Schritte belauert. Seine Freunde Andreas und Stefanius ahnten davon nichts, noch wussten sie von Benedikts wahnwitzigem Vorhaben. Sonst hätten sie ihm gewiss nicht

heimlich den Schlüssel zum Vorratskeller zugesteckt, den sie als Wächter der Salinen in Verwahrung hatten.
Nach dem Essen würde er es versuchen. Er verließ das Laienrefektorium, den Esssaal der Laienmönche, und tat, als wolle er sich im Kreuzgang ein wenig die Beine vertreten. Vorsichtig sah er sich um. Niemand zu sehen! Noch ein paar Schritte. Er öffnete eine Seitentür, die zum Vorratskeller führte. Das schwere Kellerschloss klemmte, aber dann sprang es auf. Flink schlüpfte er hinein und griff nach dem erstbesten Salzsäckchen. Er schob es unter seine Kutte. Unbemerkt gelangte er in den Kreuzgang zurück und erschien pünktlich zum Gebet. Wie Feuer brannte das Salz unter der Kutte, und er wollte es nur noch loswerden. «Amen.»
Benedikt ließ alle Vorsicht beiseite. Er lief, so schnell er konnte, aus dem seitlichen Ostdurchgang ins Freie. Doch, wo war das Mädchen? Hatte sie ihn zum Narren gehalten? Nein, im Schatten der alten Eiche stand sie, lächelte ihn schüchtern an. Wieder versank er in ihren braunen Augen. «Sag, wie lautet dein Name?» – «Katarina.» – «Ich bin Benedikt.» Er strich über ihre weichen braunen Locken. Geschwind drückte er ihr das Salzsäckchen in die Hand: «Ich muss zurück. Sei am Freitag vor dem 2. Advent an derselben Stelle.» Ehe sie «danke» sagen konnte, war er verschwunden.

Benedikt mit den meerblauen Augen. Katarina konnte an nichts anderes mehr denken. Und sie würde ihn wiedersehen, nach einer langen Woche am Freitag. Sie war fröhlich und sang beim Anbringen des Weihnachtsschmucks im ganzen Haus und schließlich sogar beim Scheuern der Küche, eine Arbeit, die sie sonst so hasste. Aber dann wurde sie nachdenklich: Durfte sie den Mönch erneut treffen? Sollte sie ihn nicht lieber vergessen? Doch erst einmal vergaß sie die Gans, die vor sich hin schmorte. «Herr im Himmel, Katarina, riechst du nichts? Die Gans!» Lisa zerrte die schwere Eisenpfanne vom Feuer. Das war noch einmal gut gegangen. Katarina musste sich zusammenreißen. Auch wenn es ihr noch so sehr das Herz zerriss, vielleicht würde sie ja gar nicht wieder nach Eldena gehen.

Indes herrschte im Kloster eine gewisse Unruhe. Das war nicht ungewöhnlich vor Weihnachten, aber diesmal ging es nicht um das Fest. Bruder Johannes hatte das Fehlen eines Salzsäckchens aus dem Vorratskeller beim Abt angezeigt. Dieser verhörte zunächst die schlüsselgewaltigen Brüder Andreas und Stefanius. Sie schienen von nichts zu wissen. Also bestellte er alle Mönche einzeln in die Abtskapelle. Es widerstrebte ihm gewaltig, sich noch vor dem Heiligen Abend mit solchen Kinkerlitzchen befassen zu müssen. Aber Ordnung musste schließlich sein.

Irgendwann war die Reihe auch an Benedikt. Regenius mochte diesen stillen Laienmönch: immer gut gelaunt, klug und demütig. Zu gern würde er ihn zum Priestermönch und später zu seinem Nachfolger machen. So etwas hatte es bislang zwar noch nie gegeben, aber er könnte beim nächsten Generalkapitel im Mutterkloster des Zisterzienserordens Citeaux in Burgund Fürbitte leisten. Sie hatten hier schon so manche Sitte neu eingeführt. Im nächsten Herbst war seine Reise dorthin geplant. Er merkte, wie er langsam müde und alt wurde.

Es klopfte. «Tritt ein, Benedikt.» – «Oh, ich habe gesündigt ...» – «Lass jetzt deine Sünden und uns ein wenig plaudern.» – «Aber das Salz, ich habe es gestohlen», Benedikt warf sich dem Abt zu Füßen. Nein, damit hatte der im Leben nicht gerechnet. Ausgerechnet Benedikt! Warum nur? Benedikt brachte stotternd die ganze Angelegenheit hervor. «Auch das noch, ein Weib ...», das blanke Entsetzen stand dem Abt ins Gesicht geschrieben. Er schwieg beinahe eine Stunde. Es musste wohl so sein, dass ihn seine eigene Geschichte immer wieder auf so schmerzliche Weise einholte. Auch er hatte einst ein Mädchen geliebt, Annemarie. Es hatte ihn damals fast den Kopf gekostet. Lange Jahre der Entbehrung und Selbstkasteiung folgten, bis er in die Einsamkeit zurückfand und das Leben in der Abgeschiedenheit des Klosters schließlich doch noch irgendwie mochte. Nein, er musste den Anfängen wehren. Benedikt sollte seine Strafe erhalten, aber niemand erfahren, was wirklich hinter dem Diebstahl steckte. «Benedikt, steh jetzt auf. Du bekommst Ausgehverbot, wirst morgen im Parlatorium, wo die Priestermönche sich versammeln, dein Vergehen öffentlich gestehen. Und vergiss nicht, das Hemd aus Ziegenleder zur Selbstkasteiung anzulegen. Aber zu niemandem ein Wort über das Weib ...» Benedikt versprach es hoch und heilig.

Am Freitag stand Katarina vergeblich an der alten Eiche. Sie wartete im Schnee, bis es dunkel wurde und ihre Füße fast erfroren waren. Sie weinte, denn Benedikt kam nicht. Vielleicht war es ja sogar besser so. Nein, es war nichts besser, als wieder in seine blauen Augen zu schauen. Es musste ihm etwas dazwischengekommen sein. Unmöglich, dass er sie nicht mehr sehen wollte. Schließlich war das Treffen seine Idee. Sie hatte sich wohl einfach in der Woche geirrt. Schweren Herzens machte sie sich auf den Heimweg, jedoch fest entschlossen, am nächsten Freitag wieder zu kommen. Sie wunderte sich, dass ihr in den nächsten Tagen vieles nicht so recht von der Hand ging. Ihre Gedanken gehörten nicht ihr.

Benedikt hatte sich wirklich vorgenommen, das Mädchen zu vergessen. Er durfte den Abt nicht noch einmal enttäuschen. Doch sosehr er sich auch bemühte, er konnte sie nicht aus seinem Herzen verbannen. Da half alles Beten nichts. Etwas war in ihm erwacht und ließ ihn nicht ruhen. Vom Cellerarius, der die Wirtschaft führte, ließ er sich zusätzliche Arbeit zuteilen. Das lenkte ihn jedoch nicht wirklich ab, denn die meisten Arbeiten im Kloster wurden schweigend verbracht. Eine eigens dafür entwickelte Zeichensprache beschränkte die Gespräche auf das Notwendigste. Dabei hätte Benedikt sich während der Weihnachtsvorbereitungen wenigstens mit Andreas und Stefanius gern ausgetauscht: Er verstand sich, seinen Körper und die ganze Welt nicht mehr. Nun ging er schon zweimal täglich zum Aderlass, um seinen Trieben Einhalt zu gebieten. Vergeblich. Auch das Hemd aus Ziegenleder, das er Tag und Nacht trug, zeigte keinerlei Wirkung. «Katarina», stöhnte er in seinen Träumen. Er musste sie wiedersehen.

Am Freitag vor dem 3. Advent schlich Benedikt wieder zum Osttor. Doch er fand es verschlossen. Dass der Portarius (Pförtner) ihm für ein Goldstück bereitwillig öffnete, hätte ihn normalerweise stutzig gemacht, aber er dachte nur noch an Katarina. Und tatsächlich stand sie wieder hinter der alten Eiche. Er deutete ihr an, ihm zu folgen. Sie wartete eine Weile und lief dann zum kleinen Wäldchen neben dem Kloster. Inmitten der verschneiten Bäume nahm Benedikt sie in den Arm. Sie spazierten hinunter zum Bodden-

Strand und redeten und redeten. Katarina erfuhr eine Menge über das Leben im Kloster und Benedikt über das einer Köchin in herrschaftlichem Hause. Nie zuvor hatten sie so viel gelacht. Gar zu schnell wurde es dunkel. Katarina musste zurück. Beim Abschied gab Bendikt ihr einen Kuss und versprach, wieder zu kommen.

Klopfenden Herzens betrat er den Ostdurchgang. Der Portarius ließ ihn ohne Probleme hinein. Doch im Schlafsaal warteten sie bereits auf ihn. Sie zerrten seine Kapuze tief in sein Gesicht und trieben ihn durch die Pforte in die Kirche, durch die Sakristei zum Kreuzgang. Benedikt kannte den Weg im Schlaf. Wie oft war er ihn in der letzten Zeit gegangen nach hinten zum Kapitelsaal, um zu beten. Doch es ging nicht weiter in die Abtskapelle, wie er gehofft hatte. Nein, sie schoben ihn am Auditorium und am Treppenaufgang vorbei. Er hörte nur noch eine Tür zufallen und ein Schloss zuschnappen. Dann war es totenstill. Er riss sich die Kapuze vom Kopf. Es blieb dunkel. Er musste im Karzer sein. Und da sollte er bleiben, bei Waser und Brot. Das konnte unmöglich der Wunsch des Abtes sein. Wie sollte er hier das Mädchen vergessen? Immer wieder rief er ihren Namen.

Katarina kam auch am nächsten Freitag. Doch Benedikt blieb fort. Was war nur geschehen? Sie lief zum Osttor, schlich ganz eng an die Klosterwand gedrängt bis zum nächsten Vorsprung. «Katarina», vermeinte sie ganz leise zu hören. Aber niemand war zu sehen.

Obwohl der Abt verärgert war, wies er an, Benedikt zu Weihnachten aus dem Karzer herauszulassen und ihm harte Arbeit zuzuteilen. Das sei Strafe genug. Oder war er

im Alter langsam doch zu weichlich? Regenius wurde nachdenklich.
Am Montag nach dem 4. Advent brachte ein reitender Bote eine Nachricht aus Citeaux. Die Mönche des Mutterklosters hatten ein Generalkapitel einberufen. Der Abt musste fort nach Burgund. Eigentlich passte ihm das nicht, so kurz vor Weihnachten, doch angesichts der Ereignisse um Benedikt war es vielleicht gar nicht so schlecht. Möglicherweise könnten die Äbte in Citeaux ihm weiterhelfen, denn dort wurde unter anderem auch über Strafen beraten. An Beförderung war ja nun nicht mehr zu denken. Regenius seufzte. Tiberius, der Prior, hingegen jubelte. Schon lange hatte er auf die Botschaft gewartet, die Regenius nach Citeaux berief. Endlich hatte der Himmel seine Gebete erhört. Nun war er der Herr im Kloster. Während des nächsten Parlatoriums würde er über Benedikt richten. Es fehlte noch, dass er ihm eines Tages vor die Nase gesetzt würde. Natürlich müsste er den Wunsch des Abtes respektieren; er würde dessen Liebling schon irgendwann freilassen, aber vorher ... Das heißt, warum auf das Parlatorium warten, es mussten schließlich nicht alle erfahren, was er zu tun gedachte. Er rief die Brüder Wolfram und Siegbert, machte ein unmissverständliches Zeichen. Sie nickten.

Und wieder war es Freitag, der Tag vor dem Heiligen Abend. Diesmal hörte Katarina einen grauenvollen Schrei, als sie um das Kloster schlich. Sie nahm allen Mut zusammen und bat den Pförtner am Haupttor, sie zum Abt vorzulassen. Es gehe um einen Mönch namens Benedikt. «Weiber haben hier keinen Zutritt», brummte der Portarius verächtlich. Im Übrigen sei der Abt verreist und einen Benedikt gebe es hier nicht. Sie entfernte sich rasch. Katarina weinte Tag für Tag und konnte ihn nicht vergessen. Und da sie immer noch hoffte und die Herrin sich daran gewöhnt hatte, dass Katarina freitags immer zwei Stunden zur Mutter lief, stand das Mädchen regelmäßig im Schatten der alten Eiche am Osttor des Klosters Eldena. So ging ein Jahr ins Land: Frühling, Sommer, Herbst und schließlich Winter.

Schneeflocken fielen vom Himmel am Freitag, dem Heiligen Abend. Sie umtanzten die wartende Katarina. Gedankenverloren schaute sie zum Kloster hinüber. Sie betete. Glaubte zu träumen, als ein Mönch ins Freie trat. Anstelle der grauen Kutte trug er ein langes Hemd aus Ziegenleder. Sie zögerte. Doch ihr Herz hüpfte. Es war tatsächlich Benedikt. Wie schmal er geworden war. Sie gab ihm ein Zeichen, doch er schien sie nicht zu bemerken. Er ging ihren alten Weg in Richtung Meer. Sie folgte ihm, nahm seine Hand. Sanft stieß er sie von sich. Sie flehte: «Sprich mit mir. Nur ein Wort …» Er öffnete den Mund. Bekam lediglich ein heiseres Lallen heraus. Katarina schrie auf. Das Herz schnürte sich ihr zusammen. Sie hatten ihm die Zunge abgeschnitten.
Hand in Hand liefen sie über den schneebedeckten Sand zum Bodden hinunter, hielten auch vor dem dunklen Wasser nicht an. Sie sahen einander fest in die Augen: die rehbraunen, die meerblauen. Sie schienen zu schweben. Ganz in sich versunken.

Niemand hat Katarina und Benedikt je wieder gesehen. Doch Verliebten zeigen sich noch heute an Weihnachten zwei Irrlichter über dem Greifswalder Bodden nahe dem Kloster Eldena. Sie wandern aufeinander zu, voneinander weg, begegnen sich wieder und werden eins.

Kloster-Omelett

Zutaten für 4 Personen
2 Schalotten
200 g frische Waldpilze
50 g Butter
2 Scheiben Bauernbrot, ca. 1,5 cm dick
Butter für die Form
6 Eier
Salz
Pfeffer aus der Mühle
1 Bund Petersilie

Die Schalotten schälen, fein hacken, die Waldpilze putzen und in Scheiben schneiden. Die Butter in einer Pfanne erhitzen, die Schalotten darin glasig schwitzen, die Pilze darin leicht anbraten. Mit Salz und Pfeffer würzen, aus der Pfanne nehmen und warm stellen.

Die Bauernbrotscheiben vierteln und im verbliebenen Bratfett von beiden Seiten goldbraun braten. Anschließend in eine ausgefettete, feuerfeste Form legen.

Die Eier trennen. Die Eiweiße zu steifem Schnee schlagen, die Eigelbe unterheben und die Masse auf die Brotscheiben gießen. Mit Salz und Pfeffer bestreuen, mit der Schalotten-Pilz-Mischung überziehen und im auf 200° vorgeheizten Backofen 8 Minuten backen.

Das Kloster-Omelett herausnehmen, dekorativ anrichten, mit der verlesenen, gewaschenen und fein gehackten Petersilie bestreuen, ausgarnieren und sofort servieren.

Rezept aus der Benediktiner-Abtei Schäftlarn in «Himmlisches aus der Klosterküche – Interessantes über Kultur und Küche»

Klosterkarpfen

1 wild lebender Karpfen
Kräuter
Suppengemüse
Weißwein

Karpfen halbieren, jede Hälfte in 6 Tranchen schneiden, das Ganze mit Kräutern, zerschnittenem Wurzelwerk und Weißwein (wie Siedfleisch) 3/4 Stunde leise simmern lassen. Dabei kocht sich das Fett des Fisches aus, er wird salmrosa und durchdrungen von Kräuteraroma und Wein. Aber versuchen Sie ja nicht, das Gericht aus Zuchtkarpfen zu bereiten! Da werden Sie in puncto Farbe und Aroma Enttäuschungen erleben. Den Karpfen mit dem klein geschnittenen Wurzelwerk servieren, zerlassene Butter und Nudeln dazu.

aus: «Köstliches aus alten Kloster- und Pfarrküchen»

Pikante Prinzregententorte

Zutaten für vier Personen
250 g Mehl
0,5 l Milch
3 Eier
1 TL Salz
Butterschmalz zum Ausbacken
1 Zwiebel
1/2 EL Butter
800 g frische Champignons
3 EL Weißwein oder Gemüsebrühe

1 Becher Crème fraîche
Pfeffer aus der Mühle
Butter für die Form
1 Bund Petersilie

Aus dem Mehl, der Milch, den Eiern und dem Salz einen glatten Pfannkuchenteig rühren und 15 Minuten ruhen lassen.
Etwas Butterschmalz in einer Pfanne erhitzen und portionsweise Pfannkuchen ausbacken, herausnehmen und warm stellen.
Die Zwiebel schälen, fein hacken und in der erhitzten Butter oder Margarine glasig schwitzen. Die Champignons putzen, in Scheiben schneiden, zur Zwiebel geben und mitschwitzen lassen.
Mit dem Weißwein oder der Gemüsebrühe ablöschen, vom Herd nehmen, die Crème fraîche einrühren und das Ganze mit Salz und Pfeffer würzen.
Eine runde, feuerfeste Form mit Butter ausfetten und abwechselnd Pfannkuchen und Champignons einfüllen. Im auf 175 Grad vorgeheizten Backofen 20 Minuten backen, herausnehmen und dekorativ anrichten.
Die Petersilie verlesen, waschen und fein hacken, die pikante Prinzregententorte damit bestreuen, ausgarnieren und servieren.

(von Pater Lukas Wirth, Kloster Scheyern)

Sabine Rheinhold

Der Punsch von St. Johannes

Kloster St. Johannes in einer sündigen Hafenstadt im Norden

Die Klosterkatze döst in der Wintersonne. Liegt auf der obersten Stufe zum hölzernen Teehäuschen und lässt bisweilen das rechte Ohr spielen. Der Spatz hockt auf der Spitze des Teehäuschens in Erwartung einiger Kekskrümel, die für gewöhnlich um diese Zeit aus einem Fenster im zweiten Stock fallen. Hinter ebendiesem Fenster steht Helene, hat den Teebecher in der einen, zwei Kekse in der anderen Hand und betrachtet Katze und Vogel im verschneiten Garten. Dann öffnet sie das Fenster spaltbreit und wirft ein paar Bröckchen hinaus. Die Uhr im Klosterturm schlägt elf, der Spatz segelt hinunter, die Katze erhebt sich bedachtsam. Helene setzt den Teebecher ab, drückt die Zigarette aus und verlässt die Wohnung. Sie läuft die hölzerne Treppe hinab, hinaus aus dem Witwenhaus. Längst findet sie es nicht mehr sonderbar, dort zu wohnen, obgleich sie keine Witwe, ja nicht einmal geschieden ist. Streift mit einem Seitenblick das hohe schmiedeeiserne Tor, lässt den bronzenen Löwenkopf gegen die wuchtige hölzerne Tür des Haupthauses klopfen, nur so zum Spaß und weil sie's darf. Vier Stufen hinauf, dann nach rechts – dort wohnt die Domina.

Die Domina ist eine große Frau von imponierender Statur, die grauen Haare aufgesteckt, im Augenblick sind sie von einer kunstvoll gearbeiteten Kappe halb verdeckt. Ist eher ein Hütchen, Hüte tragen hat sie gelernt in ihrem früheren Leben.

«Domina – das ist nicht, was Sie denken», bescheidet sie schon mal einen ob dieser Direktheit errötenden Gesprächspartner. Die kluge Frau weiß wohl, dass in einer sündigen Hafenstadt die weltliche Bedeutung des Begriffes dominiert. Streng ist sie aber auch, die Domina Margrete, und hat landauf, landab so manchen wichtigen Mann das Fürchten gelehrt. Vor allem, wenn es galt, die Belange ihres Klosters zu verteidigen. Das Kloster ist aus dem roten Backstein des Nordens errichtet und hat seinen Platz im großbürgerlichen Herzen der Stadt. Seit dreizehn Jahren regiert die Domina in St. Johannes mitsamt seinen 78 Damen. Ein Mann gehört dazu, Petrus, der Hausmeister. Er trägt eigentlich einen anderen, fremdländischen Namen, aber die Domina vertraut auf Gottes Felsen und nennt ihn deshalb ebenso beständig wie liebevoll Petrus. Passt ja auch, irgendwie.

Gerade hat sie ihm den gewaltigen Schlüssel zum Festsaal übergeben und ruft, während er sich anschickt, die beiden hohen Flügeltüren zu öffnen, der herbeieilenden Helene zu: «Schnell, Kindchen, der Weihnachtsbaum kommt!» Angerührt durch das «Kindchen» – aber was sind schon ihre 58 Jahre für die Domina, die fast ein Vierteljahrhundert älter ist –, bleibt Helene entgegen der Aufforderung stehen, plötzlich erfüllt von Zuneigung und Dankbarkeit. Denkt zurück an den Sommertag vor anderthalb Jahren, als sie im Klostergarten vor der Domina gesessen und ihre Verzweiflung herausgeheult hat, krank vor Sehnsucht nach Schutz und Wärme. Ermutigung hat sie gefunden, konnte endlich jemandem erzählen vom Partner, der sie verlassen hat, von der Tochter, die in die Ferne ziehen wollte mit Mann und Kind, von den ausbleibenden Aufträgen für die freie Journalistin und von den jungen Redakteuren, die nicht einmal

mehr ihren, Helenes, guten Namen kannten. Bis nachts um zwei hatten die beiden Frauen auf den Stufen des Teehäuschens gesessen, hatte die ältere der jüngeren zugehört, sie weinen lassen, sie getröstet mit der Erkenntnis «Nirgendwo spiegelt sich Gottes Welt so schön wie in dem See, den man sich selbst zusamengeheult hat».
«Was ist, Kindchen?», ruft die Domina, nunmehr ungeduldig, und winkt Helene vom Ende des langen Flures zu sich her. Der Flur ist eigentlich eine Straße im Haus, an der einen Seite hohe Sprossenfenster zum Innenhof, an der anderen aufgereiht elf Wohnungen, mit Vorhängen gegen Einblicke geschützt, mit Messingschildern vor den Türen mit Namen, die jedermann kennt in der Stadt, denn es sind bedeutende Familien darunter. Am Kopfende im Erdgeschoss die Wohnung der Domina, darinnen eine Graphiksammlung der klassischen Moderne, eine anheimelnde Küche mit gestickten Sinnsprüchen, Bücher über Bücher, wenige Erinnerungen an den Ehemann, der vor vielen Jahren starb – ein schwerer Tod nach 20 Jahren Krankheit, gepflegt von Margrete, die «am Silberhochzeitstag die Danksagungen für die Kondolenz eingetütet hat». Bilder ihrer Vorgängerinnen im Amt hängen an der Wand: Da sieht eine aus wie Queen Victoria von England, eine andere – klein und zart – trug bis ins hohe Alter eine goldene Kaffeebohne an der Kette, denn diesen Ursprung hat der Reichtum ihrer Familie.
Nun also steht Domina Margrete vor ihrer Wohnung, nimmt Helenes Umarmung entgegen und beginnt, gestützt auf die Jüngere, den Flur entlangzuwandern. Bedächtig – denn sie hat es am Hüftgelenk – gelangen die beiden zum Festsaal, in dem Petrus justament die große Tanne aus der Diele aufstellt. Der Saal ist vertäfelt mit dunklem Holz, lang

gestreckt und streng symmetrisch. Der offenen Doppeltür gegenüber ein verglaster Wintergarten, dort steht die Frau des Hausmeisters mit Namen Milena und entwirrt die Fäden der Weihnachtsengel. Ihr zur Seite sitzt und lächelt in den Schnee hinaus die letzte der Konventualinnen. So nannte das Mittelalter die stimmberechtigten Mitglieder der Klostergemeinschaft, und der altertümliche Titel hat sich erhalten. Sie wurden, die ledigen Töchter reicher Kaufleute, von ihren Vätern für viel gutes Geld eingekauft ins Kloster und erhielten dafür im Alter eine Rente und die freie Wohnung. «Anno Domini 1501 – die erste bürgerliche Altersversorgung für Frauen», pflegt die Domina zu dozieren. Sie liebt Geschichten und Geschichte ihres Klosters, das keines mehr sein wird, wenn besagte Konventualin das Zeitliche gesegnet hat. Dann wird St. Johannes ein Wohnstift, die Damen zahlen Miete, und auch die Dominas sind dann Geschichte.

Aber noch ist es nicht so weit, die letzte Konventualin ist im Dreiundneunzigsten und gesund. Eben empfängt sie den Besuch einer Mitbewohnerin – ehemals eine bekannte Sängerin – und gibt zu verstehen, sie freue sich auf die abendliche Festivität. Ob man denn wisse, wie es um den zu erwartenden Punsch stehe. Die Sängerin – auch sie eine kleine, zarte Person, begleitet von einem Duft wie von Bergamotte oder Pomeranzen – hat sagen hören, der Punsch sei im Entstehen, und stellt eine Schale mit Pfeffernüssen auf den Flügel. Essen wird man nicht gemeinsam – das absolvieren die Damen jede für sich. Vielleicht – auch das ist denkbar, doch weiß es keine so genau, denn das Private bleibt privat in St. Johannes –, vielleicht trifft man sich auch in kleinem Kreise zu einer frühen Vesper. Am Abend dann wird der runde Tisch ganz ausgezogen sein bis auf die

Länge des Raumes, bedeckt mit Spitze aus Toledo, mit Fürstenberg-Porzellan aus dem Besitz der Domina, bestückt mit Keksen, Kuchen, Nüssen und dem besagten Punsch – danach erst wird der Saal sich füllen.

Helene hat inzwischen goldfarbene Scherenschnitte mit biblischen Motiven entfaltet, die in den Fenstern aufgestellt und von hinten mit Kerzen erleuchtet werden. Nun schickt die Domina sie auf den Speicher, um zwei Leuchter zu holen. Dort oben aber stolpert sie erst einmal mitten hinein in ein Stück Klostergeschichte – einen Kasten mit verblassten Festschriften. Starke Frauen haben die Geschicke des Klosters bestimmt seit der Gründung um 1250. Äbtissinnen waren das in der katholischen Zeit, die Magdalena hießen und Heilwig, Cäcilie oder Anna. Die Einfluss hatten auch in der Welt außerhalb des geistlichen Feldes, weil sie eine ertragreiche Klosterwirtschaft leiteten mit Milchvieh, Ackerbau und Textilverarbeitung. Geachtete Geschäftspartnerinnen, durchaus gewitzt, wie man den Quellen entnehmen kann, selbstverständlich entstammend der Oberschicht. Was zur Folge hatte, dass die wehrhafte Kaufmannschaft das Kloster beschützte, war sie ihm doch über die Töchter verwandtschaftlich verbunden – bisweilen auch über die Mütter, daher trägt das Witwenhaus seinen Namen. «Das war nicht anders bis zu meinem Eintritt», hat die Domina einmal mit leichter Bitterkeit verraten und durchblicken lassen, manch eine der Damen aus ersten Kreisen habe sie dazumal fühlen lassen, was es heißt, eine Wohnung, aber keine «Adresse» zu haben. «Da waren es noch an die 50 Konventualinnen, und Domina wurde, wessen Vater Senator, wessen Großvater Bürgermeister war – mindestens.» Das aber, hat sie gleich darauf voller Heiterkeit erklärt, sei jetzt anders.

Helene nimmt behutsam eine der angestaubten Festschriften, deren Titelblatt eine schöne junge Frau ziert, findet endlich auch die Leuchter und steigt wieder herab in den Saal.

Zwei weitere Bewohnerinnen sind inzwischen dazugekommen mit selbst gebackenen Plätzchen. Helene hält ihren Fund hoch und fragt: «Kennt das jemand?» – «Die Äbtissin Maria – die schöne Marie», lacht die Domina und hebt sogleich zu zitieren an mit gespielter Strenge: «Es hat Nachricht gegeben von der Unzucht der Nonnen, welche zum Wohlgefallen mehrerer unheiliger Pfaffen, dagegen zum größten Missfallen der städtischen Einwohner ein gar unzüchtiges Leben geführt.» Das war im 13. Jahrhundert. Die heutigen Damen wüssten gerne mehr, erfahren aber nur noch, dass der offizielle Titel «ehrbare Jungfrau Domina» schon des Öfteren Anlass zu Heiterkeit gewesen sei, nicht zuletzt bei der Bestallung der gegenwärtigen, die nicht nur ehrbar verheiratet gewesen, sondern auch Mutter eines alljährlich zu Besuch kommenden Sohnes ist.

Um 1500, nach der Reformation, wurde das Kloster protestantisch. Aber erst, nachdem man einer kleinen Schar rechtgläubiger Nonnen buchstäblich das Dach über den Köpfen abgetragen hatte. Über fünf lange Jahre war die mutige Äbtissin Cäcilie der Stadt entgegengetreten und hatte immerhin erreicht, dass die Hälfte des Klosters samt der Hälfte der Nonnen den Dominikanern überlassen wurde. Streitbar waren sie allzumal, die frommen Frauen. Aus der katholischen Äbtissin wurde zwar die evangelische Domina – doch wie die jetzige nicht ruht noch rastet, bis sie den staatlichen Kassenwarten wie den privaten Sponsoren das Geld aus dem Beutel geredet hat, so sind auch die früheren immer wieder aktenkundig geworden durch Aufmüpfigkeit. Oder wie soll man nennen, was Domina Magdalene im Jahre des Herrn 1701 trieb, dem hohen Rat die Nutzung des Klosterkellers als Waffenarsenal zu verweigern?

Die Konventualin im Wintergarten ist inzwischen eingenickt, die anderen Frauen betrachten ihre Weihnachtsdekoration und sind zufrieden. «A bientôt», sagt die Domina – sie spricht drei Sprachen. Das war ihr schon als Bibliothekarin bei der Reichsbahn von Nutzen und sicherte der jungen Frau in der so genannten schlechten Zeit immerhin den Tariflohn eines «nicht schreibungewandten Güterboden-Hilfsarbeiters». Man geht nunmehr, sich etwas auszuruhen und danach «Toilette zu machen». Helene freut sich auf die Zigarette und den Tee, sehnt sich danach, die Beine hochzulegen. Vielleicht wird sie das Gedicht noch einmal anschauen, das sie am Abend vortragen will. Herr Petrus legt letzte Hand an den Punsch, und die Klosterkatze harrt der guten Dinge, die da kommen, ist bisher doch noch immer etwas für sie abgefallen.

Die Domina erholt sich im Schaukelstuhl. Der steht im privaten Teil der Wohnung, dort, wo die Stuckdecke rosafarben ist. Der Amtsteil dagegen hat einen grau gestrichenen Himmel. Sie liest Zeitung, lässt aber das Blatt sinken, als die Glocken der nahen Kirche zu läuten beginnen. Glockenläuten hat sie gerettet, damals, vor vielen Jahren, als sie zu zerbrechen drohte an dem kranken Mann, dem schwierigen Kind und dem wenigen Geld für all die Ausgaben. Ist zufrieden geworden und ruhig – soweit ein derart überschäumendes Temperament ruhig werden kann. «Das Leben scheint ohne Ordnung, wie ein edler Teppich von hinten. Erst im Alter sieht man ihn von vorne – und dann ist plötzlich ein Muster erkennbar», hat damals der

Pastor zu erklären versucht, als sie einfach in seine Kirche hineingelaufen kam.

Nun steht sie entschlossen auf, die Domina Margrete, wirft sich in dunkelblaue Seide – maßgeschneidert für die üppige Grande Dame – und macht sich auf den Weg zum Festsaal. Trifft auf dem Weg die Freundin Gertrud, im Achtundachtzigsten, vor Jahrzehnten promoviert in Biochemie, trifft die Buchhändlerin und die Lehrerswitwe, die in späten Jahren noch das Studieren begonnen hat, und die Einsame, die geschieden wurde, weil sie sich die Taille nicht mit Kinderkriegen verderben wollte. Aus dem oberen Stockwerk steigen herab eine kürzlich pensionierte Chefsekretärin, dann ein jüngst dem Manne entflohenes, gut betuchtes Geschöpfchen – 73 Jahre alt –, das weder Bahn fahren noch allein Geld abheben kann, und die Schauspielerin Lisbeth, an ihrem Arm die allseits verehrte Sängerin. Aus dem Witwenhaus kommen die Geschwister Ilsabe und Ingrid, Töchter eines weiland bekannten Predigers, und schließlich Helene. Der bleibt der Mund unhöflich offen stehen beim Anblick der sie umgebenden Smaragdbroschen und Perlenhalsbändern, der Diamantanhänger und Goldarmreifen, doch dann ist auch sie nur noch begeistert von der strahlenden Schönheit des großen Saales, dem Weihnachtsbaum, den Kerzen, dem geschmückten Tisch. Der Vorstand der betreuenden Stiftung ist schon da, auch der Pastor aus der benachbarten Kirche – das Kloster fällt in seine Zuständigkeit, und er ist der Domina in Jahrzehnten ein wahrhaft guter Freund geworden.

Auch Hausmeister Petrus und Frau Milena sind ins Festtagsgewand gestiegen, der große weiße Kachelofen rechts vom Eingang ist geheizt – ein quadratischer Sockel, auf dem die Engelskapelle sich wie jedes Jahr die Füßchen zu

verbrennen droht, darüber der hohe runde Ofenkörper, gekrönt von einer Vase im klassizistischen Stil. Am Flügel hat eine pensionierte Klavierlehrerin Platz genommen – das Weihnachtsfest beginnt. Womit? Die Domina begrüßt in Gottes Namen mit durchaus eigenen Worten, neu Eingezogene stellen sich vor – an diesem Abend eine Pelzhändlerswitwe und eine frühere Optikerin, im Vorjahr gehörte Helene dazu, und sie meint ihr Herzklopfen von damals wieder zu spüren. Dann spricht der Vorstand vom Geschäft und von Projekten, derweil die Domina über die Zinnteller, Silberbestecke und goldenen Trinkgefäße nachsinnt, die einstmals dem Kloster gehörten und auf geheimnisvolle Weise irgendwann und unvermutet als Besitz der Stadt von derselben zur Schau gestellt wurden. Sie beschließt, der Angelegenheit im neuen Jahr nachzugehen, sich aber vorderhand am Glanz des Abends zu erfreuen. Lieder werden gesungen – «Macht hoch die Tür», auch die «Tochter Zion» hält ihren alljährlichen Einzug, hernach bittet die Domina den Pastor um festliche Worte, und er predigt der Runde Heiter-Besinnliches, nicht ohne Ernst, nicht ohne Scherz – dafür ist er berühmt in der Stadt. Dann kommt, im großen Glaskrug, wie seit undenklichen Zeiten, der Punsch.
Nüsse gibt es, Kuchen und Gebäck, dazu – denn die Domina hält nicht allzu viel von «frommen Keksen» allein – kleine Äpfel und Orangen nebst solchen aus Marzipan. Das Duftgemisch von Tanne, Punsch und Süßem erfüllt den schönen Saal, die Gespräche sind munter, Gedichte werden vorgetragen, Geschichten vorgelesen, die Wangen färben sich hie und da zu runden Apfelbäckchen, und zwei Stunden später trennt man sich mit durchaus weihnachtlichen Gefühlen füreinander – das Fest ist zu Ende.
Ist es das?

Wer Stunden später, ja noch um zwei Uhr nachts, durchs Glasfenster des Wintergartens späht, dem bietet sich dieses Bild: Der große Tisch ist wieder klein geworden, die Stühle wurden zusammengerückt. Ein Teller mit Butterbroten steht da – die Klavierlehrerin hat sie nach Mitternacht gemacht. Der Rest des köstlichen Punsches bedeckt gerade noch den Boden des Glaskruges, und um das Ganze herum sitzen fünf ältere Damen auf das fröhlichste beieinander. Irgendwann schlägt die Turmuhr halb drei, man geht zu Bett.

Nur Helene steht noch ein Weilchen am Fenster, weil der Ausblick auch in der Nacht so schön ist: Der Mond steht blass, aber zunehmend am Himmel und beleuchtet den winterlichen Garten. Die Klosterkatze setzt behutsam Pfote vor Pfote auf dem freigeschaufelten Weg zur Terrasse der Domina, denn dort findet sich bisweilen ein Happen vom Abendessen der Herrin. Helene lächelt. Unvermutet wendet die Katze den Kopf und scheint hochzuschauen. Sie blinzelt, findet Helene. Und blinzelt verstohlen zurück.

Weihnachtspunsch für 79 Damen und 1 Herrn

7 l Wein
Lübecker Rotspon (oder ein guter Beaujolais)
1,5 l Tee
Darjeeling oder Assam, kräftig sollte er sein
1 Pfd. Zucker, möglichst in Stücken
5 Zitronen
1 Flasche Rum
Flensburger zum Beispiel, 54 % sollte er haben
ein wenig Nelken, Piment und Koriander

Man gieße den Tee in der Teekanne auf und lasse ihn fünf Minuten ziehen.
Man gebe den Stückenzucker in das Punschgefäß und übergieße ihn mit dem kochend heißen Tee.
Ist der Zucker vollständig geschmolzen – nicht vorher –, gebe man behutsam den Rotspon dazu nebst dem durchgeseihten Saft der 5 Zitronen und einem kleinen Säckchen mit den Gewürzen. Nunmehr gieße man den Rum dazu, bedecke das Gefäß und lasse das Gebräu wieder sehr heiß werden, jedoch beileibe nicht kochen.
Den Punsch bereitet man am besten im Wasserbade zu, woselbst er siedend heiß wird, ohne zu kochen. Hat man nicht die entsprechend großen Gefäße zur Hand, so kann man die Menge auch teilen.

Irene Wegmann

«... denn sein Wille geschehe»

Kloster Abbaye Royale de Fonteleau

Über dem Tal des Doubs, eines Nebenflusses der Loire, lagen schwer die Nebelschwaden des frühen Winters. Bald würde es noch kälter werden und vielleicht der erste Schnee das Leben in der Vorweihnachtszeit schwerer machen.

In den ruhigen Hallen und Gelassen des Klosters Abbaye Royale de Fonteleau drang ohnehin nur wenig vom Leben ringsherum herein. Die Schwestern des Ordens *Les Bonnes Sœurs* lebten streng ihren Gelübden und widmeten sich hingebungsvoll den Aufgaben, die ihnen das strenge Reglement im Alltag auferlegte.

Ihr Lebensraum war das herrliche weiße Kalktuffgebäude des Klosters mit seinen spitzen, der Romanik angelehnten Türmen, reich verzierten, später entstandenen Dächern, deren Prunkstück die extern angebaute Küchenhalle war, leicht zu erkennen am rauchgeschwärzten Schornstein. Hier wurden Köstlichkeiten der Klosterküche hergestellt, frisches Gemüse aus dem Klostergarten verarbeitet und Gaumenfreuden in der Bäckerei kreiert. Die Weinbauern des Loire-Tals sorgten für edle Getränke und belieferten mit anderen Produkten ihrer Höfe die Schwestern des Ordens.

Der jungen Novizin Geneviève oblag turnusgemäß der morgendliche Rundgang durch die Hallen und Räume. Das erste Frühgebet lag bereits hinter ihr, als sie leicht fröstelnd ihr Gewand um die Schultern zog und zwischen den Bögen des Arkadengangs auf den Garten blickte. Die Blütenpracht des Gartens hatte einem winterlichen melancholischen Zauber und jetzt einem vorweihnachtlichen Bild Platz gemacht. Nur der Buchsbaum, der nahezu alle Wege des riesigen Gartens befriedete, würde für die nächsten Monate der einzige Farbtupfer des Gartens sein. Halb verwelkte Astern hingen verloren in den Beeten, die vor wenigen Monaten noch voller Glyzinien, Rosen und Lilien standen und jetzt ein Silberkleid aus Raureif und Eiskristallen trugen. Es schien alles in Ordnung zu sein, schien es der jungen Schwester, die sich erleichtert ins wärmere Gebäude zurückzog. Gleich würden die Mitschwestern aus den Zellen kommen, um sich mit der Mutter Oberin zur obligatorischen Frühmesse in der Kapelle zu treffen. Für das dann sonst folgende karge Frühstück hatte die Küchenschwester diesmal unter dem Siegel der Verschwiegenheit eine Leckerei angekündigt, bei der sich auch die ernstesten Nonnen ein verschmitztes Lächeln nicht verkneifen konnten: die praktisch auf der Zunge zerschmelzenden

Nonnenfürzchen

1/4 l Wasser
1 Prise Salz
25 g Puderzucker
50 g Butter
25 g Stärke
abgeriebene Zitronenschale
125 g Mehl
4 Eier
2000 g Kokosfett oder 2 l Öl zum Ausbacken
50 g grober Zucker zum Bestreuen

Wasser mit Salz, Puderzucker und Fett aufkochen, alle anderen Zutaten zufügen und rühren, bis aus der Masse ein Kloß entsteht und sich am Boden eine milchige Haut absetzt (Typ Brandteig).
Kokosfett oder Öl erhitzen auf 180 Grad, mit 2 Teelöffeln Teig abstechen, immer 4 Klößchen auf einmal in drei Minuten knusprig ausbacken. Dann mit Schaumlöffel herausnehmen, auf Küchenpapier abtropfen lassen und noch heiß mit grobem Zucker bestreuen.

Heute würde ohnehin Unruhe in die Hallen einkehren. Ein junger Bauer, der sich erst vor kurzem als Belieferer angeboten hatte, würde heute zum ersten Mal mit einer Auswahl seiner Produkte eintreffen. Die Mutter Oberin hatte ihn sehr sympathisch gefunden, also das würde man ja dann sehen. Sicher würde es dann heute auch gleich ein warmes Gericht geben, mit dem sich seine Produkte einführen konnten. Auf der Liste der Favoriten der Schwestern stand ganz oben:

Pilze à la Tourraine

500 g Pilze
1/2 Tasse Olivenöl
1 TL Salz
1 kleine zerdrückte Knoblauchzehe
1 EL fein gehackte Petersilie
4 EL frische Brotkrumen

Man wäscht die Pilze, trennt Stiele von Kappen und hackt die Stiele fein. Öl in der Pfanne erhitzen, Kappen unter einer Wachshaube dünsten und 10 Min. schmoren lassen. Dann mit der Kelle in eine flache Schüssel füllen. Nun die Stiele bei stärkerer Hitze 4 Minuten dünsten. Herausheben und in einer kleinen Schüssel mit Salz, Knoblauch und Petersilie vermengen. Auf die Kappen füllen und die inzwischen in der Pfanne goldbraun gebräunten Brotkrumen über die Pilze geben. Man bedeckt die Pilze und lässt sie über Nacht ziehen. Am nächsten Tag gibt es damit eine Beilage, die das Wasser im Munde zusammenlaufen lässt.

Geneviève schmunzelte bei dieser Vorstellung und eilte leichtfüßig durch die langen Hallen, die zur Kapelle führten. Eine Gruppe ihrer Mitschwestern stand schon vor dem schweren schmiedeeisernen Eingang und wartete auf die Schwester Beschließerin, deren Ankunft durch das Rasseln ihres Schlüsselbundes angekündigt wurde. Bald darauf erklang der Choral, fröhlich getragen durch die jungen Stimmen der Novizinnen. Dunkel klangen die Stimmen der älteren Schwestern, die wegen gesundheitlicher Probleme nicht mehr im Halbkreis der Les Bonnes Sœurs stehen konnten und sich im geschnitzten Gestühl der Kapelle niederlassen mussten.

Geneviève hatte sich heute mit Schwester Ludivine für die Betreuung der alten Bürger im Umkreis des Klosters einteilen lassen. Hier warteten schon viele ältere Menschen auf die Schwestern, die immer fröhlich und hilfsbereit den oft eintönigen Tagesablauf unterbrachen. Oft trugen die Schwestern geflochtene Körbe mit Leckereien aus der Klosterküche mit sich.

Aber heute sollten die beiden jungen Frauen rechtzeitig im Kloster zurück sein, die Präsentation des neuen Lieferanten wollten sie sich nicht entgehen lassen. Vor dem Eingang

der Abtei stand schon ein voll bepackter Wagen mit Anhänger, der von schwerfälligen Pferden gezogen wurde. Ein junger Mann stand gegen die Latten seines Wagens gelehnt und stopfte sich eine Hand voll Tabak in die Pfeife. Geneviève kam der dunkle lockige Kopf mit dem markanten Profil bekannt vor. Sie ging einige Schritte auf den Mann zu, und wirklich, es war Jérôme, der Sohn des größten Bauern ihres Heimatortes, der Jérôme, für den sie alle Pläne, die sie während ihrer Schuljahre geschmiedet hatte, aufgegeben hätte. Aber seinem Vater war ihr Elternhaus nicht reich genug gewesen. Ihr Vater, ein Professor am Lyzeum der Kreisstadt, war nicht mit Reichtümern gesegnet und nannte auch Landbesitz nicht sein Eigen. So hatte sich nach einem dramatischen Abschied das Klosterleben, für das sich auch ihre beste Freundin entschieden hatte, als adäquater Ausweg angeboten. Inzwischen war ihr der tägliche Dienst in der Abtei ans Herz gewachsen, aber Jérômes unerwartetes Auftauchen brachte die Erinnerungen zurück.
Der junge Bauer hatte sich die Pfeife schmecken lassen und richtete sich beim Anblick der beiden Novizinnen respektvoll auf.
«GutenTag, können Sie mir sagen, ob ich hier richtig bin? Ich hatte eine Probelieferung mit landwirtschaftlichen Waren und Wein vereinbart ...», richtete er das Wort an die beiden Frauen.
«Sie sind am richtigen Ort», antwortete Ludivine, die aufmerksam das Gesicht des jungen Mannes betrachtete. Auch ihr schienen die Gesichtszüge bekannt vorzukommen. «Wir müssten nur die Waren in den Küchentrakt bekommen», fügte sie hinzu.
«Das ist kein Problem», sagte der Bauer, zog eine Karre vom Wagen und begann mit dem Beladen. Während des Abla-

dens kam auch der hintere Teil der Ladefläche zum Vorschein. Dort hingen über einer Reihe gläserner Weinbehälter wohl ein Dutzend aufgereihte frisch geschlachtete Hühner, die Genüsse versprachen wie

Huhn im Topf

1 Huhn
250 g grob geschnittene Karotten
3 Stangen Lauch (nur die weißen Teile) oder
6 Schalotten in Ringen
2 grob gehackte Rüben
2 geviertelte große Zwiebeln
4 Gewürznelken
2 EL Salz
frisch gemahlener schwarzer Pfeffer
1/2 TL Thymian
1 EL gehackte Petersilie
2 zerdrückte Knoblauchzehen
1 Lorbeerblatt

Man legt alle Zutaten in einen großen Topf, bedeckt sie mit Wasser und bringt alles zum Kochen und schöpft dann den Schaum ab. Nun den Deckel auflegen und 1 1/2 Stunden köcheln lassen. Dann zerlegt man das Huhn, gibt es auf eine Platte und umlegt es mit dem Gemüse. Die Brühe wird getrennt als Suppe serviert.

Nach solchen schwereren Mahlzeiten lockt dann auch ein Getränk, das die Küchennonne immer sicher verwahrt in der Küche bereithielt. Es war ein

Magenbitter

40–50 Beifußrispen
1 l Wasser
1 l Weingeist (90%)
400 g Zucker

Die gesäuberten Kräuter mit dem Alkohol übergießen, mindestens 45 Tage stehen lassen, dabei ab und zu umrühren. Nach dieser Zeit 1 l Wasser zum Kochen bringen, den Herd herunterschalten und den Zucker zufügen und rühren, bis er völlig gelöst ist. Während das Zuckerwasser auskühlt, den Alkohol filtern, die Kräuter gut ausdrücken und wegwerfen. Das kalte Zuckerwasser mit dem Alkohol mischen und wieder filtern. Das Getränk wird eintrüben, kann aber wieder gefiltert werden … falls dann noch etwas da ist.

Geneviève näherte sich dem Wagen mit zaghaften Schritten, kein Zweifel, es war Jérôme. Er wandte sich während des Abladens noch einmal zu ihr herum.
«Werden Sie für den Weihnachtsschmuck der Abtei auch Tannenzweige benötigen, wir haben viele vom Holzmachen übrig behalten? Ich würde Ihnen gern etwas anliefern, wenn es Ihnen recht ist …»
«Da sprechen Sie besser nochmal mit der Oberin, glaube ich», entgegnete Geneviève leicht verwirrt, sie nahm an, trotz der Tracht würde er sie doch bald erkennen. Hastig lief sie die Stufen zum Küchentrakt hinunter. Sie war verwirrter, als sie sich eingestehen wollte, und zog sich in ihre Zelle zurück, um im Gebet Ruhe zu suchen.

Am späten Nachmittag, als alle Bewohnerinnen des Klosters ihre Exerzitien beendet hatten, traf man sich in der kleinen Halle, um Planungen für das herannahende Weihnachtsfest zu besprechen. Auch der neue Lieferant kam zur Sprache, Jérôme hatte es also geschafft. Er würde als neuer Lieferant stets Zugang zur Abtei haben. Ein Aufeinandertreffen wäre unausweichlich. Geneviève nahm sich vor, Arbeitsaufträgen in Küchennähe aus dem Wege zu gehen.

Für die Vorweihnachtszeit sollte auch dieses Jahr wieder ein Krippenspiel in der Halle mit den hohen Bogengängen einstudiert werden. Mit Köstlichkeiten aus der Küche wurden dann die Dorfbewohner und auch auswärtige Gäste bewirtet. Die Küchentruppe war mehr als ausgelastet, zusätzliche hilfreiche Hände aus dem Dorf wurden benötigt und guckten neugierig in die Töpfe der Schwestern. Aus dem Fundus des Klosters waren schon von jeher überlieferte Rezepte entdeckt worden. Die Produkte der Region erhielten schon immer den Vorzug, und die Höfe ringsherum schienen unerschöpflich ertragreich zu sein. Für solch feierliche Anlässe wie die Weihnachtsfeier der Abtei gab es am Schluss auch oft

Klösterliche Feigen

3 kg reife, feste Feigen
300 g Walnusskerne
1,5 kg Zucker
2 unbehandelte Zitronen
3 Gläschen Weinbrand
etwas abgekochtes Wasser

Die ganzen Feigen rasch, aber gründlich waschen und ausgebreitet eine Stunde trocknen lassen. Anschließend halbieren und auf jedes Stück eine Walnusshälfte setzen. Teile wieder zusammenklappen und dicht an dicht in ein Einmachglas setzen. Über jede Lage eine Hand voll Zucker streuen (er muss für die gesamte Menge reichen), ein Stück Zitronenschale darauf legen, einige Tropfen Zitronensaft und ein Gläschen Weinbrand darüber träufeln. Das Glas muss zuletzt bis 1 cm unterhalb des Randes gefüllt sein. Einige Tropfen Wasser darüber geben, dadurch hat man beim Verzehr etwas mehr Saft. Das Glas fest verschließen und eine 3/4 Stunde sterilisieren. An einem kühlen und dunklen Ort aufbewahren.

Die Novizinnen zogen sich zurück, um sich für das Abendgebet vorzubereiten und sich über die Ereignisse des Tages auszutauschen.
Geneviève war nach wie vor aufgewühlt durch die Konfrontation mit ihrer Jugendzeit. Schon seit längerem war sie sich mit ihrer Berufung im Reinen und wähnte sich sicher gegen alle Versuchungen. Doch wie immer beschloss sie, die Zukunft einem anderen zu überlassen, denn

sein Wille geschehe …

Barbara Bronnen

Exerzitien mit Kind

Kloster Sant' Antimo in Castelnuovo

Es war ein feuchter, nebliger Morgen, als ich Sant' Antimo das erste Mal sah. In Castelnuovo dell' Abate, dem auf einem Hügel gelegenen kleinen Dorf über dem Kloster, stiegen wir aus und nahmen den von Zypressen gesäumten Weg hinab. Eine zarte Taurigkeit ging von dem Tal aus, das Kloster hatte der Nebel verschluckt.

An der letzten Wegbiegung setzten wir uns eine Weile ins Gras und blickten ins Tal. Eine Welt im Übergang. Es war still, selbst das Zwitschern der Vögel hatte die Feuchtigkeit erstickt. Vom Laufen atemlos, fühlte ich das Kind, das in meinem Schoß strampelte.

Die Sonne kam unerwartet. Erst wärmte sie den Campanile, dann die dunkle, hohe Zypresse, die, durch einen von oben herabhängenden Busch verlängert, wie ein zweiter Turm daneben wuchs. Sie erleuchtete das blass terracottafarbene Ziegeldach über dem Gotteshaus und glitt flüchtig über den goldgelben Travertin der dreischiffigen Emporenbasilika. Dann entschloss sie sich, all die Feinheiten dieser schlanken Kirche in ihrer Schönheit deutlich zu machen, und überströmte sie mit kraftvollem Licht, dass die Farben und die Schatten der Ölbäume rundum zum Vorschein kamen. Wie auf Verabredung begannen die Vögel zu singen. Unwillkürlich stieß ich einen unterdrückten Schrei aus und spürte, wie im gleichen Augenblick die Beinchen des Kleinen um sich stießen. Es war das irrationale Empfinden des Schreckens vor der Majestät des Übermächtigen. Ich dachte: Dies ist ein Ort, der die Beschaffenheit meiner Gedanken verändern kann. Wenn alles gut geht mit der Geburt, werde ich wiederkommen, bald.

Ein Jahr später, an einem fast frühlingswarmen Tag im Dezember, meinen kleinen Sohn in einer Trage auf dem Rücken, machte ich mich auf, um mein Versprechen einzulösen. Ein Jahr, erfüllt von Tätigkeit, lag hinter uns. Nicht bloß ich hatte meinen Sohn, sondern auch er hatte mich vorwärts geführt auf dem geheimnisvollen Weg, der uns allen bevorsteht. Beide hatten wir an uns gearbeitet, um mit der neuen Situation fertig zu werden. Wir hatten einander angesehen und versucht, die Grenzen der eigenen Existenz zu überschreiten. Wir hatten zusammen auf tastende Weise miteinander gesprochen. Wir hatten einander berührt und die gegenseitige Unkenntnis voneinander anzunehmen gelernt.

Jetzt war ich von dem vielen Neuen erschöpft, ganz im Gegensatz zu meinem Sohn, der geradezu nach Teilnahme an den Möglichkeiten und Fertigkeiten der Welt der Erwachsenen dürstete. Ein Jahr des Umbruchs, einer neuen Nachdenklichkeit. Mein Verständnis vom Leben begann sich zu verändern, das erfüllte mich mit Dankbarkeit. Aber ich brauchte Ruhe. Suchte nach einem neuen Weg. Ein kleines Kind verfügt über einen derartigen Zauber und eine derartige Kraft, dass es die Seele eines gewöhnlichen Menschen sprengt. Ich wollte Muße haben, in die Tiefe dieser Erfahrung einzutreten. Kurz entschlossen hatte ich mich für Exerzitien zwischen Weihnachten und Neujahr angemeldet.

Das Kloster durfte ich nicht betreten, deshalb wohnten wir in einem nahen, großen und schönen Bauernhof. Rita, die junge Frau, die selbst zwei Kinder hatte, wandte sich meinem Sohn mit solch vergnügter Offenheit zu, dass ich nicht anders konnte, als sie in mein Herz zu schließen. Beruhigt machte ich mich, meinen Sohn bei mir, auf, den Schotterweg entlang.

Wieder ließ mich ein Glücksgefühl innehalten, als das Licht golden auf den Travertin des Klosters floss. An der Kirche angekommen, umkreisten wir den fast tausendjährigen Olivenbaum vor dem Portal, breit wie fünf Schiffsmaste und reich verzweigt. Florian streckte ächzend seine kleine Hand Richtung Baum aus und wies mit staunenden Lauten auf die Höhle im uralten Stamm. Auch ich konnte mich nicht von dem Baum lösen. Versunken blickte ich ihn an. Er war mehr als ein Baum.

Schließlich liefen wir um den Außenbau der vor 1118 begonnenen Kirche. 150 Jahre später stellte man die Arbeiten ein, sodass sie unvollendet blieb. Ich nahm Florian aus der Trage in die Arme. Wieder und wieder musste ich ihn hochheben, um ihm die zweileibige Löwin am Kapitell zu zeigen, die Chimäre am Glockenturm. Er strich mit seinen kleinen Händen über die steinernen Wandflächen, deren Geschlossenheit, durch Gesimse und Wülste plastisch belebt, ich bewunderte. Vor Aufregung rang er seine kleinen Hände.

Über dem magischen Ort lag ein eigentümlicher Glanz, das machte das Kind ernst. Ihm gefiel das Leben, das in diesem Bau eingefangen war. Sonne, Mond, Mensch, Tier und Sterne, würde mir später einer der Mönche sagen, alles mit eingebaut. Plötzlich hob er den Kopf und lauschte. Der Stein schien zu schwingen und zu singen. Aus den Gewölben erklangen die gregorianischen Gesänge der Mönche. Wir blickten uns an. Die zarte, melodische Kinderstimme verriet herrisch, was er wollte: Hinein. Zuhören. Nichts

und niemand würde ihn jetzt davon abbringen können. Er liebte Musik.
Wir standen in der Kirche und schauten. Hell, alabaster- und sandsteinfarben, weiß, von edler Sparsamkeit das Innere, voll Kraft und aufwärts strebender Leichtigkeit. Karg, von hoher Einfachheit und Anmut. Der chromatische Gesang in der Stille, der nach oben zu schweben schien. Die sechs hoch gewachsenen schlanken Mönche mit ihren gut geschnittenen Gesichtern und schmalen Köpfen, in ihren naturfarbenen bodenlangen Leinenkutten, die Kapuze über einem kleinen angeschnittenen Cape im Nacken. Sie wirkten leichtfüßig und elegant, königlich, konturiert wie Statuen. Bewahrer der Weisheit, Hüter des Heiligen, Wächter des gesitteten Zusammenlebens. So würdevoll, feierlich und einschüchternd war das Bild, dass ich mich reckte und trotz der Last des Kindes aufrecht stand.
Auch Florian schien das Geistige dieses Raums zu spüren, er war ganz still und öffnete weit die Augen.
Diffuses, reflektiertes Licht. Der Chorumgang mit dem Kapellenkranz. Der sparsame plastische Schmuck. Die von der großen Bifore kommenden Sonnenstrahlen, die den Blick auf den Hauptaltar im Achsenkreuz lenken. Umgeben von sechs Säulen der Altar mitten im Chor, in Form eines Sarkophags. Drei Stufen aus weißem Stein, die nach oben führen. Das majestätische Holzkreuz im toskanischen Stil. Große Kandelaber mit Wachskerzen, die die Stufen beleuchten.
Oh, sagte mein Sohn, ah. Wie er so hingegeben schaute, lächelnd, mit großen Augen, voll Aufmerksamkeit, war sein Bedürfnis nach etwas Metaphysischem so offensichtlich, dass ich zusammenzuckte. Die Haare auf seinem Kopf leuchteten wie Vogelflaum und bebten vor innerem Erzittern.

Ave Maria, gratia plena: der Gesang des Rosenkranzes. Siebzehn Stücke, von den Mönchen im Gesang vorgetragen. Das Schema eines primitiven Gebets als Wechselgesang und Litanei. Schöne, einfache Worte aus meiner Kinderzeit: Himmel, Sterne, Engel, Heiliger Geist. Ich trat vor zur Mitte. Der Gesang schien den ganzen Raum in Schwingung zu versetzen.

Als der Gottesdienst beendet war, gingen wir in die rechts an die Kirche anschließende karolingische Kapelle, in der die Exerzitien stattfinden sollten. Überrascht stellte ich fest, dass die theatralische Feierlichkeit der Mönche einer legeren irdischen Haltung gewichen war.

Sie lachten und umarmten einander, schlugen sich auf die Schulter, hatten ihre schwarzen Schuhe gegen Sandalen vertauscht, und einer kam mit einer schnittigen, supermodernen Sonnenbrille herein. Drei von ihnen trugen Halbbrillen, was ihnen, zusammen mit dem modischen Kurzhaarschnitt, einen zusätzlichen intellektuellen Anstrich gab. Bis auf den weißhaarigen Prior waren sie jünger, als ich gedacht hatte, und schienen aus besten Familien zu stammen. Ihre Stimmen hatten sich das klare Timbre des gregorianischen Gesangs bewahrt, ihre Sprache war frei. Ich mochte sie gleich.

Fra Stefano, Doktor der Rechte, der in Rom einen Lehrstuhl innehatte, weihte mich ein. Am nächsten Morgen um neun Uhr würden die Exerzitien beginnen. Wenn ich wollte, brächte er mich mit seinem Auto zum Bauernhaus.

Auf der kurzen Fahrt sprachen wir erst über Sant' Antimo, einen Priester zur Zeit des Kaisers Diokletian, der Christen vor der Verfolgung errettete und mit einem Stein um den Hals in den Tiber geworfen wurde, jedoch mit dem Leben davonkam. Ein Ortsheiliger für manche Geschichtsschrei-

ber, doch Fra Stefano bezweifelte das. Tatsache sei, sagte er, dass das Kloster bei Montalcino bereits 814 bestand, und das ihm zugestandene Gebiet erstreckte sich vom Fluss Asso im Osten bis zum Ombrone im Westen, bis zu seiner Einmündung in den Orcia. Der Abt hatte neben seiner religiösen Rolle auch die eines kaiserlichen Beamten: er übte das Recht aus, Steuern einzutreiben, unterhielt die Infrastruktur und besaß Jurisdiktionsgewalt. Doch um die Mitte des 12. Jahrhunderts, die Kirche war beinahe fertig gestellt, erwiesen sich die Baukosten als höher als veranschlagt, die Schenkungen blieben aus, die Macht der Stadt Siena beraubte das Kloster seiner Besitztümer. Der Papst vertraute die Abtei den Gugliematen, einem bei Castiglione della Pescaia gegründeten reformierten Benediktinerorden, an. Im 13. Jahrhundert bekehrte die heilige Katharina von Siena die Umgebung des Klosters in solchen Scharen, dass sie oft bis zum Abend nüchtern bleiben mussten, wenn sie beichten wollten. Doch der Aufschwung war nur von kurzer Dauer. 200 Jahre später haben verschwendungssüchtige Äbte die weltlichen Güter verprasst, Papst Pius II. Piccolomini hob, um seiner Familie die geistliche Herrschaft über ein weites Gebiet zu garantieren, die Abtei auf und übergab sie der neuen Diözese Montalcino und Pienza.
Bereits damals war die wertvolle Bibliothek spurlos verschwunden, seufzte Fra Stefano. Man weiß bis heute nicht, wohin. Vielleicht verrottete sie auch aus Achtlosigkeit.
Ein seltsamer Mensch, dieser Fra Stefano, der auch unruhig und beunruhigend sein konnte, denn seine Weisheit war auch eine Kenntnis der verbotenen Dinge, ein Durchdenken nicht nur des überirdischen, auch des irdischen Lebens, ohne es zu verachten. Viele versteckte Gedanken spürte ich, eine tiefe Aufsässigkeit, einen Stolz. Er war

nicht zufrieden mit seinen Büchern und Bäumen, seinen Steinen, seinem Wasser und seinem Gott. Er suchte und verstand es, sein Suchen anfassbar zu machen. Ich bin ein Toskaner, sagte er, als er meinen verwunderten Blick bemerkte, und wie die meisten habe auch ich eine Art zu knien, die viel eher ein Stehen mit gebeugten Beinen ist.

Die nächsten Tage nahmen wir im Morgengrauen unser knappes Frühstück ein, ich packte meinen Sohn auf den Rücken und machte mich auf ins Tal. Die gregorianische Messe nutzte Florian für ein Nickerchen. Die folgenden Exerzitien jedoch, bei denen wir nicht mehr als zwölf Personen waren, darunter zwei Deutsche, die in der Nähe Häuser besaßen, schien er in stummem Dialog mit uns allen zu absolvieren. Lange betrachtete er die Frau mit dem Spitzentuch, das sie über ihr Gesicht zog, er fixierte die Stiefel des bärtigen Mannes und die blaue Brille der alten Dame, die an einer silbernen Kette vor ihrer Brust baumelte. Er blieb die folgenden Stunden über ruhig, als habe er einen anderen Ort betreten, an dem Lärm und Wünsche zerfielen, noch bevor sie Ausdruck gewannen.

Fra Dominic, der die Exerzititen leitete, hatte ihm aus Decken am Boden ein warmes Nest bereitet. Blumen und Grün umgaben unsere Plätze, auch Florians Lager war geschmückt. Krüge mit Wasser und Becher standen bereit. Hier lag er nun, seine Augen weiteten sich. Er blickte die geistig Übenden aufmerksam an, mit jenem verzehrenden Blick, wie ihn nur Kinder haben, und bewegte seine Fingerchen, lallte leise, rieb seine Nase an der Decke. So überstand er die Meditationen mit kreativem Staunen, stumm und aufmerksam, als habe er die Bedeutung dieses Schauspiels begriffen. Ich mochte die Atmosphäre, die Ruhe und Einfachheit, das Bemühen, zu Ruhe und Einkehr zu finden, und obwohl ich vor vielen Jahren aus der Kirche ausgetreten war, nahm ich die Gebete ernst. Die Zeit verging rasch, unterbrochen von Lesungen und Gesprächen, und als wir heimkehrten, war es Mittag geworden.

Das Mittagessen war einfach, die Kinder bekamen ein wenig Polenta mit Milch, wir ein wenig Brodo, eine klare Brühe, Panzanella und Schinken. Panzanella ist ein traditionelles toskanisches Gericht, das man auch als «kalte Semmelknödel» bezeichnen könnte: altes Brot, eingeweicht in kaltem Wasser, ein paar würfelig geschnittene Tomaten, eine hauchdünn geschnittene Zwiebel, eine halbe Gurke, gewürfelt, ein wenig Staudensellerie, in feine Scheiben geschnitten, zwei zerdrückte Knoblauchzehen und Basilikum, in kleine Stücke zerpflückt. Das Brot wird zerrissen, in Wasser gelegt und ausgedrückt, dass es feucht ist, das Gemüse dazugegeben und mit Olivenöl, Pfeffer, Salz und Weinessig wie Salat angemacht.

Als Rita das Brot für den Abend zubereitete, erzählte sie mir, sie habe die Panzanella zum ersten Mal als Kind im Kloster bekommen, wo sie mittags aß, da ihre Eltern sich beide tagsüber bei einem Bauern verdingten.

Sie schob die Ärmel ihrer Jacke hoch, bestreute den Holztisch mit Mehl, schaufelte etwa ein Kilo Mehl auf die Platte, fügte Salz, 20 Gramm Hefe, 3 Esslöffel Olivenöl und einen halben Liter Wasser hinzu. Ich bewunderte die Art, wie sie die Arme bewegte und kräftig den Teig jagte und knetete und immer wieder in der Mitte des Tisches zusammenrollte, während sich ihre Gedanken ums Brot versammelten.

Das Brot ist mir das Liebste und Wichtigste am Essen, sagte sie und schlug sich auf den Bauch, und obwohl ich wenig davon essen sollte – ich kann's nicht lassen.

Unser täglich Brot gib uns heute: nirgendwo wird diese Bitte mit mehr Dringlichkeit in der Kirche gerufen als in der Toskana, und es heißt, dass man in Kriegszeiten irgendwo in einem kleinen Nest einen Heiligen aus Holz in den Arno geworfen hat, weil er trotz dringlicher Gebete kein Brot gab. Der Brotpreis ist in Italien ein Politikum.

Das Brot ist die Schlichtheit, die rustikale Einfachheit des toskanischen Landes. Sie lieben die bescheidenen Dinge mit dem Sinn für menschliche Größe. Brot ist das Maß der Welt. Nur Italiener, sagte sie, konnten das Vaterunser mit den Worten «Unser täglich Brot gib uns heute» geprägt haben.

Sie schob die Schüssel mit dem Teig in die Nähe des Herdes und bedeckte sie mit einem Tuch. Teresa, die alte Mutter, die sich am Herd ihre Hände wärmte, erzählte vom Krieg, als man Brot aus Kartoffeln und Kastanien machte. Nicht nach Käse oder Fleisch hatte sie Sehnsucht damals, sondern nach Weizenbrot. Mir steht auch nicht der Sinn nach Schlössern oder Palästen, sagte sie mit ihrem ausgeprägten Sinn für die Statur und Natur des Menschen. Ich will Straßen, in denen ich den Nachbarn, und Häuser, in denen ich die Decke berühren kann.

Das klassische Toskanerbrot, das wir abends aßen, unterschied sich nicht von dem Brot, das vor zweitausend Jahren die Orientalen den Italienern schenkten. Die findigen Römer hatten es aus dem Orient mitgebracht und haben aus dem Fladenbrot ihre «Focaccia» und die geliebte Pizza gemacht.

Wer den Weihnachtsrummel bei uns überhat, gehe nach Italien, aufs Land. Denn Weihnachten ist dort – wie früher bei uns – am 6. Januar, dem Dreikönigstag, zu «Befana», wo eine Art Hexe mit Besen und viel Geschrei die Kinder beschenkt. Dass das, was eine primär an Profit interessierte Gesellschaft vom Weihnachtsfest übrig gelassen hat, inzwischen vor allem in den italienischen Städten einzieht, ist importiert. Eigentlich genügt es, so finden wenigstens die Toskaner, am 25. ordentlich zu essen. Weihnachtsbäume, bei uns ein noch junger Brauch, finden sich in den Häusern selten, ganz abgesehen davon, dass Tannenbäume in Italien nicht gerade häufig sind. Auch hat das Christkind in der Toskana eher ein schweres Leben, obwohl es kaum ein Volk auf Erden gibt, das mehr in Kinder vernarrt ist als die Toskaner.

Am Abend also eine ausführliche Fressorgie der ganzen Familie, mit Auftakt, Höhepunkt und Schluss, und Florian war anzusehen: Das ist ein Kindertraum. Erst einmal Crostini, geröstetes frisches Brot mit Taubenleber und Pilzen. Dann, zur Einstimmung, mit Ricotta und Mangold gefüllte Ravioli, die auf der Zunge zergingen. Der Höhepunkt: ein göttlich zartes Kaninchen, mit Kastanien umrandet.

Gläserklirren, Kinderweinen, Geschrei, lauter Disput und Gelächter, vom dröhnenden Weihnachtsquiz in der RAI, dem italienischen Fernsehen, lauthals unterstützt, sodass an die sechzig Menschen das Wohnzimmer zu füllen schienen, während wir nicht mehr als zwölf waren – dennoch, mein kleiner Sohn fühlte sich inmitten dieser Lebenslust pudelwohl. Es gab mir einen kleinen eifersüchtigen Stich, wenn ich an unsere ruhigen Mahlzeiten meist nur zu zweit dachte.

Beim Kaninchen hatte ich Rita über die Schulter geguckt. Sie hatte die Vorder- und Hinterläufe des ausgeweideten Tieres abgetrennt, den Rücken fünfmal geteilt, die Stücke gepfeffert und gesalzen und in Olivenöl scharf angebraten. Während sie Zwiebel- und Knoblauchscheiben und die

Kräuter dazugab, Rosmarin, Lorbeer, Thymian, und mit einem Vernaccia di San Gimignano löschte, erzählte sie viele Geschichten über die Mönche, und immer wieder von Fra Andrea, dem Koch der Klosterküche, dem sie viele Rezepte verdanke.

Dessen Kochkünste konnte ich dann am ersten Feiertag bewundern. Erst nahmen wir in der mit weißen Rosen und Grün erlesen geschmückten Kirche an der Eucharistie teil, dann bat man uns, etwa zwanzig Gäste, in ein dem Kloster nahe liegendes Gebäude, ein umgebauter Stall. Die riesigen Fensterbogen waren grün und rot geschmückt, unzählige Kerzen erleuchteten die riesige Tafel. Nach einem Tischgebet gab es Risotto mit Steinpilzen, mit Weißwein aus der Gegend und Fleischbrühe aufgegossen. Auch der Reis stammte aus der Gegend um Siena, sagte mir Fra Andrea, der das Gericht verteilte, er wird nahe bei den heißen Quellen von Petriolo angebaut. Der Reis aus der Toskana ist besonders delikat und wird deshalb kaum exportiert: «Den essen wir lieber selber!» Er blickte mich verschwörerisch an.

Es folgten handgemachte Pici, die toskanische Version der berühmten Spaghetti, aus Mehl, Olivenöl, Wasser und Salz zubereitet, mit einem kräftigen Fleischsugo.

Schon die Etrusker, sagte Fra Andrea, der die Küche kurz seinem Gehilfen überließ, dichteten auf ihren Gräbern ums Nudelholz herum und ritzten Teigröllchen in ihre Reliefs. Auf meine Frage entspann sich ein typisch toskanischer Disput, an dem sich ebenso der Prior wie sämtliche Fratres temperamentvoll beteiligten: der Kulturkampf zwischen Italien und China um die Urheberschaft an den Spaghetti. Es war eine lauthals ausgetragene Fehde, in der sich das Drama des ganzen Südens offenbarte, und ein nicht der ita-

lienischen Sprache Mächtiger hätte aus diesem Wortgefecht geschlossen, dass es zumindest um so tief greifende Fragen wie den Gottesbeweis ging.
Da mochte der venezianische Ketzer Marco Polo noch so energisch behauptet haben, er habe dieses Nudelwerk aus China importiert: Ich halte dies, so der Prior, für die Erfindung eines kranken Geistes, in einem Hirn beheimatet, das den Zusammenhang zu italienischer Wirklichkeit längst verloren hat! Der Chinese bleibe bei seinem Reis! Außerdem, haben Sie je versucht, Spaghetti mit Stäbchen zu essen?
Daraufhin verschwand Andrea wieder in die Küche. Alle hoben das Glas und kosteten den wärmenden Brunello, im Eichenfass gereift: Auf die Toskaner! Wie alle Dinge taten auch dies die Mönche mit Anstand: sie tranken, jedoch mit feiner Bildung der Sitten und des Herzens, die besonders beim Trinken erforderlich ist. Nur in der Toskana hat Trinken etwas Weltläufiges, das man kultiviert und liebenswürdig erledigt. Säufer gibt es dort nicht, nur wohlerzogene und gelassene Trinker.
Dann endlich folgte die Krönung des Mahls, dem nie gierig, sondern mit tiefem Sinn für menschliche Gesittung zugesprochen wurde und dessen Zusammensetzung keineswegs exotisch war: Cinghiale al civet, gebeizter Wildschweinbraten. Und da der verschmitzte und rotbäckige Fra Andrea gern Auskunft gab, erfragte ich das Rezept. Er hatte eine Zwiebel, eine Karotte, eine Stange Sellerie fein gewürfelt und auf dem Boden der Deckelterrine verteilt, das Bratenstück in die Terrine gesetzt und Rosmarin, Lorbeerblätter, Gewürznelken, eine Zimtstange und zerstoßene schwarze Pfefferkörner darüber gestreut. Hatte das ganze schließlich mit Brunello bedeckt, wenn schon, denn

schon, sagte er, nichts schlimmer als einer, der gackert, ohne das Ei zu legen! Wer vor heiligen Dingen Respekt hat, lässt den Braten eine Nacht ziehen. Dann erst hob er ihn aus der Marinade heraus, erhitzte Öl im Schmortopf, briet das Fleisch scharf an und ließ das Feuer beständig, aber schwächer brennen, tat Gemüse und Gewürze dazu, goss mit der Marinade auf und ließ das Ganze bei milder Hitze zwei Stunden schmoren.

Von der Polenta, die es dazu gab, aß ich nur ein paar Löffel: ich war bereits satt. Und ein bisschen wollte ich doch noch vom Nachtisch, der Maronencreme mit den Cantuccini, dem selbst gemachten Mandelgebäck, naschen. Die Mandelkekse hatte er aus süßen Mandeln von den eigenen Mandelbäumen, Zucker, Eiern, Salz, Mehl, Backpulver, Zitronenschale, Anissamen und Vanillezucker bereitet. Die Maronen hatte er vorgekocht, abgekühlt, geschält, mit Milch und Vanillezucker weich gekocht, durch ein Kartoffeleisen gepresst, geschlagene Panna, Sahne, darunter gezogen und zu einer Creme verrührt. Dazu gab es Vin Santo, den speziellen Süßwein der Toskana.

Florian war zum Schluss in seinem Körbchen, das die Mönche vorbereitet hatten, still und zufrieden eingeschlafen, müde vor Sattheit. Ich fühlte mich ruhig und empfänglich für die kleinen Dinge des Lebens. Ich genoss, ab und zu ein Cantuccino naschend, die Gespräche der Mönche, ihr Bemühen, aufeinander einzugehen, ihre Scherze, wobei sie es verstanden, einander dennoch ernst zu nehmen. Sicher war es nicht immer leicht, sich ertragen zu lernen, in dieser Einsamkeit. Ich mochte die Spiritualität, von der sie mir etwas gegeben hatten, mochte ihr Bestreben, immer weiter in die Geheimnisse des Glaubens einzudringen. Mochte ihren hohen Sinn für Schlichtheit, mochte das Zeremoniell, mit dem sie die Tafel aufhoben. Einfache Menschen, dachte ich, die keine Wunder bewirken, aber die den Heiligen zur Hand gehen.

Rita Scheller

Quittenpaste aus dem Kösliner Stift

In der Neuzeit gab es keine Klöster in Pommern, denn die Bevölkerung war überwiegend evangelisch. Doch die Stiftsdamen kommen den Klosterfrauen recht nahe, in der Lüneburger Heide hatten sich sogar etliche Nonnenklöster in Damenstifte verwandelt. Besonders alt war unser Kösliner Karkutschstift aber nicht. Als der in Köslin gebürtige Kaufmann Ferdinand August Ludwig Wilhelm Karkutsch 1891 in Stettin starb, vermachte er seiner Vaterstadt die Summe von 400 000 Goldmark zur Errichtung eines Stiftes mit dem Namen «Karkutschstift». Das große rote Backsteingebäude bestand aus 25 abgeschlossenen Wohnungen von je zwei Zimmern mit Korridor und – ganz wichtig – einer eigenen Küche, dazu noch 15 Dreizimmerwohnungen. Über die sanitären Anlagen wird nichts gesagt, doch zu jeder Wohnung gehörten außerdem ein Keller- und ein Bodenraum, ferner ein Stück Gartenland. In einem über zwei Stockwerke hohen Saal wurden die Gottesdienste abgehalten und die Toten ausgesegnet. Die Stiftsbewohnerinnen stammten in der Regel aus dem gehobenen Bürgertum, zu ihnen gehörte auch ein Fräulein Lenz.

Rings um Köslin gab es im Landkreis viele Güter, wo noch patriarchalische Verhältnisse herrschten und wo nicht nur die große Familie mit angereisten Verwandten, die Hausangestellten, sondern auch die Kinder der Landarbeiter alle mit einem süßen Teller beschert wurden. Nach dem Ersten Weltkrieg musste auch auf den Gütern gespart werden, es gab, was die «Kelle klackte» beziehungsweise was im Garten, auf dem Feld und im eigenen Stall herangewachsen war. Für Pfefferkuchen und Pfeffernüsse aus (Zuckerrüben-)Sirup brauchte man nicht viel einzukaufen, die Äpfel aus dem großen Gutsgarten waren um die Weihnachtszeit auch noch schön knackig. An geschützten Stellen wuchsen sogar Haselnusssträucher und Walnussbäume. Da fehlte nur noch das «Konfekt».

Und hier kommt nun unsere Stiftsdame, das Fräulein Lenz, ins Spiel. In ihrem Garten hinter dem Karkutschstift blühten nicht nur das ganze Jahr über die herrlichsten Blumen, sondern sie hatte auch einen Quittenbaum. Daraus stellte sie in mühevoller Arbeit das Quittenkonfekt für die Gutsleute in Großmöllen und anderswo her. Die pommerschen Quitten waren kleiner als die heute bei uns aus dem Mittelmeerraum eingeführten. Zunächst mussten die Früchte sorgfältig abgerieben werden, denn sie waren mit einem grauen Pelz besetzt. Dann wurden sie abgeschält, weich gekocht und durchgerührt. Der Brei wurde Pfund auf Pfund mit Zucker vermengt und wieder stundenlang gerührt. Auf ein Backblech legte man ein mit Öl gefettetes Papier, strich den Brei darauf und ließ die Masse an einem warmen trockenen Platz trocknen. Das dauerte tagelang. Ehe sie ganz getrocknet war, wurde sie in Rauten geschnitten und in Zucker gewälzt, dann bis zum Fest in Büchsen aufbewahrt, wo sie als besonderer Leckerbissen auf die süßen Teller kam.

Nach der Vertreibung bei Kriegsende wurde das Rezept mündlich weitergegeben, man wandelte es ab, nahm gern roten Gelierzucker dazu; die ungeduldigen jungen Hausfrauen ließen den Quittenbrei auch bei 75 Grad im Backofen stehen. Aber immer noch gehört das Quittenkonfekt zum süßen Teller, und jedes Mal wird dabei die Geschichte vom Karkutschstift und der Stiftsdame Lenz erzählt. Dabei wird auch erwähnt, dass sie angeblich manchmal pro Quitte ein Eiweiß hinzugefügt habe, ehe sie die Masse nochmals zwei Stunden gerührt habe. Es wird aber nicht erwähnt, ob es sich um flüssiges Eiweiß handelte oder um Eischnee.

1983 kam ich einmal in das ehemalige Stift, saß zunächst in der großen Halle, dann in einem der kleinen Zimmer und wurde von der polnischen Geheimpolizei befragt, wie denn meine Kamera funktioniere, mit der ich angeblich nach vorn einen alten blühenden Quittenbaum fotografiert hätte, in Wahrheit aber doch wohl durch meinen Körper hindurch das Polizeigebäude hinter mir. Zum Glück war der Polizeibeamte technisch versierter als die übereifrige IM, und ich konnte mit einer Verwarnung von dannen ziehen. Im Zuge des Fortschritts stehen längst Garagen auf dem ehemaligen Gartengelände der Stiftsdamen.

Barbara Keller

«Elixier des langen Lebens»

Kloster La Grande Chartreuse

Hinter der Bezeichnung «Elixier des langen Lebens» verbirgt sich die bis heute streng geheim gehaltene Rezeptur des Kartäuser-Likörs oder Chartreuse. Der historischen Überlieferung nach sollen Kartäuser-Mönche, und zwar die Mönche des Klosters «La Grande Chartreuse» in der Nähe von Grenoble, die Rezeptur und das Herstellungsverfahren für das Elixier 1605 erstmals aufgeschrieben haben. Der Likör schmeckte so exzellent, dass er immer häufiger als Getränk anstatt als Medizin genutzt wurde. Seine Qualität sprach sich auch bald außerhalb der Klostermauern herum. Allerdings war zum damaligen Zeitpunkt der Vertrieb dieser Medizin sehr begrenzt. Denn den Klosterbrüdern standen als Transportmittel nur ihre Maultiere zur Verfügung, denen sie das kostbare, in kleine Flaschen abgefüllte Gut aufluden. Sie belieferten gerade mal Grenoble und die umliegenden Dörfer. Die 130 Kräuter, die für den Kartäuser-Likör oder Chartreuse verwendet wurden, sammelten die Mönche zum großen Teil auf den Bergwiesen rund um Grenoble, im Herzen der französischen Alpen, und sie halten es so bis heute. Aus dem Grundansatz für den Likör stellen die Klosterbrüder wie vor 400 Jahren zunächst einen Magenbitter her, der dann zu dem vorzüglichen Chartreuse weiterverarbeitet wird.

Der Name Chartreuse ist bis heute geschützt, und das Gebräu zählt zu den berühmtesten Kräuterlikören der Welt. Es reift rund fünf Jahre in zum Teil 100-jährigen Fässern. Die

langen Reifekeller von Chartreuse sind übrigens die längsten Likörkeller der Welt, und heute noch überwachen die französischen Klosterbrüder die Produktion.
Während der kräftige Magenbitter hilft, die knusprig gebratene Weihnachtsgans mit Rotkohl und Kartoffelklößen zu verdauen, versüßt der aromatische Likör die Weihnachtszeit auf seine Art. Hier nun drei weihnachtliche Köstlichkeiten, die auf dieses «Elixier des langen Lebens» zurückzuführen sind:

Kartäuser-Magenbitter

Grundansatz:
50 g Zitronenmelisse
40 g Angelikawurzeln
8 g Thymian
4 g Arnikablüten
50 g Pfefferminze
5 g Ysop
5 g Wermut
4 g Zimt, gemahlen
4 g Muskatblüte, ganz
1 l Alkohol, 50%, oder Weingeist oder Ansetzbranntwein

Am besten frische Kräuter verwenden, stehen aber keine zur Verfügung, so tun es auch getrocknete aus der Apotheke. Die Kräuter fein wiegen und in ein großes Schraub- oder Einmachglas füllen.
Muskatblüte im Mörser fein zerstoßen und auf die Kräuter geben. Anschließend den Zimt sorgfältig untermischen und mit dem Alkohol übergießen. Alles fest zusammendrücken, damit der Ansatz gut vom Alkohol bedeckt ist.

Das Glas verschließen und vier Wochen an einem warmen Ort aufbewahren. Gelegentlich schütteln. Dann durch ein Tuch abseihen und das Tuch gut ausdrücken.

Dieser Grundansatz ergibt einen hervorragenden Magenbitter: den Kartäuser-Magenbitter. Und wie sich das für einen exzellenten Magenbitter gehört, schmeckt er angenehm aromatisch-bitter.

Dieser Grundansatz lässt sich zu Kartäuser-Likör oder Chartreuse weiterverarbeiten:

Kartäuser-Likör oder Chartreuse

Grundansatz s. o.
800 g Zucker
1 l Wasser
250 ml Alkohol, 90%
einige Spritzer Zitronensaft

Das Wasser erhitzen und dann den Zucker einrühren. 15 Minuten sprudelnd kochen lassen. Anschließend den grauen Schaum mit einem Schöpflöffel abschöpfen. Ein paar Spritzer Zitronensaft dazugeben, dann gelingt der Zuckersirup besonders gut.
Das Ganze noch heiß durch ein Tuch seihen, mit dem Grundansatz und dem Alkohol gut vermischen. Jetzt alles in Flaschen füllen. Damit der Kartäuser-Likör oder Chartreuse sein Aroma voll entfalten kann, unbedingt kühl lagern und zwei Monate lang ruhen lassen.

Und wen dann das «Kartäuser-Fieber» gepackt hat, der

kann mit wenigen Handgriffen schnell noch Kartäuser-Karamellbonbons herstellen, die bei ausgewachsenen Naschkatzen besonders beliebt sind:

Kartäuser-Karamellbonbons

1/2 l süße Sahne
500 g Zucker
2 EL Honig
2 EL Chartreuse

Sahne, Zucker und Honig unter ständigem Rühren kochen, bis eine zähe, hellbraune Karamellmasse entsteht. Zum Test einen Tropfen dieser Masse in kaltes Wasser spritzen: Zerfällt er nicht, sondern nimmt eine knetartige Konsistenz an, ist der Karamell fertig. Dies ist ungefähr nach 20 bis 30 Minuten der Fall. Den Topf vom Feuer nehmen und den Chartreuse vorsichtig unterrühren. Achtung, spritzt stark! Dann die Masse auf ein mit Butter gefettetes Blech streichen und, bevor diese hart wird, in kleine Würfel schneiden.

Wohl bekomm's!

Rosalie Bruns

Ora et labora

Kloster Barsinghausen

Am Nachmittag ist auf die Eisglätte der Wege Neuschnee gefallen. Vorsichtig gehe ich durch das Hauptportal auf das Kloster Barsinghausen zu. Um 1193 aus heimischem Deister-Sandstein erbaut, macht es auf mich den Eindruck einer festen Burg. Ich bin mit der Konventualin Johanna B. verabredet. Sie wird mich durch das Kloster führen. Die Tür des Haupteingangs ist nicht verschlossen. Ich trete ein. Sofort umfängt mich tiefe Stille. Hier dringt kein Straßenlärm herein, es ist, als ob ich eine andere Welt betrete. Die dicken Klostermauern vermitteln Sicherheit und Geborgenheit. Ich tauche ein in die Vergangenheit des Klosters Barsinghausen.

Einst wurde es als Doppelkloster des Augustinerordens für Mönche und Nonnen gegründet. Die Mönche müssen das Kloster schon bald wieder verlassen haben, denn bereits 1229 ist in Überlieferungen nur noch von Augustiner-Nonnen die Rede. Bis zur Reformation 1543 lebten dort bis zu 60 Chanonissen (Nonnen) spartanisch nach der Losung *ora et labora* (bete und arbeite). Nach der Reformation wurden sie zu Konventualinnen im Konvent evangelischer Frauen. Der Dreißigjährige Krieg von 1618–1648 fügte dem Kloster schwerste Schäden zu. Erst in den Jahren 1700–1704 wurde es in der heute sichtbaren Form wieder aufgebaut und entwickelte sich zu einem evangelischen Damenstift. Der Tagesablauf wurde weiter vom Rhythmus der Stundengebete bestimmt.

Die St. Marienkirche wird erstmals in einer Urkunde aus dem Jahr 1193, der Zeit der Kreuzzüge, erwähnt. Sie steht allen Gläubigen aus der Gemeinde wie auch aus dem Kloster offen. Die Klostergrotte lädt zum Verweilen ein, ebenso der Innenhof. Der Andachtsraum *Beth El* (Haus Gottes) wird durch den unteren Klostergang erreicht. Hier halten die Konventualinnen das Morgenlob und Vespergebet. Im nördlichen Teil des Klosterganges, im Lapidarium, befindet sich ein Rest des mittelalterlichen Kreuzgangs. Daneben ist eine kleine Tür, hinter der sich ein Fluchtweg verbarg, der direkt zum Klosteramtshaus führte. Wenngleich der Gang inzwischen zugemauert ist, lässt sich unschwer vorstellen, was frühere Bewohnerinnen des Klosters empfunden haben müssen, wenn sie bei Überfällen auf das Kloster diesen Fluchtweg in letzter Minute erreichten. Denn irgendwelche Scharmützel hat es in den vergangenen Jahrhunderten immer gegeben. Im Zentrum des Südflügels liegt der Konventsaal. Mit seinen alten Gemälden und Holzarbeiten strahlt er Ruhe und Geborgenheit aus.
Im 17. und 18. Jahrhundert bestimmten Adel und geadelte Beamtenfamilien über den Werdegang des Klosters. Die Stiftungen flossen reichlich. Konventualinnen, die es sich leisten konnten – und die meisten konnten das –, hatten ihr Mädchen dabei, das ihnen anfallende Arbeiten abnahm. Es kam vor, dass Konventualinnen aus dem Kloster von Witwern geheiratet wurden, damit sie sich um deren Kinder kümmerten. Die Gehilfinnen der Damen aber waren als Ehefrauen sehr begehrt, da sie meistens lesen und schreiben konnten und durchaus als gebildet galten.
Auch was Küche und Keller betraf, kannten sich die Damen gut aus. Da der Klostergarten reichliche Ernte an Zwetschen, Äpfeln und Beeren bot, versteht es sich von selbst,

dass die Früchte im Kloster winterfrisch gehalten werden mussten. Beeren wurden folgendermaßen verarbeitet:

Schütteljohannisbeeren

(fand Anfang des 19. Jahrhunderts Verwendung)

1 1/2 kg Johannisbeeren
1 kg feiner Zucker

Möglichst hochrote, reife Beeren kalt waschen, entstielen, in einen Topf geben und schichtweise mit Zucker bestreuen. Wenn Saft gezogen ist, aufs Feuer stellen und unter ständigem Schütteln und Drehen drei- bis viermal aufkochen. Nun in eine Porzellanschüssel geben und schütteln, bis die Beeren erkalten. Dadurch füllen sich die schlaffen Beeren wieder mit Saft, werden rund und gelieren etwas. Luftdicht verschlossen halten sie sich bis zur neuen Ernte.

Zwischendurch aber gab es auch immer mal kleine Begebenheiten, über die gelacht oder zumindest geschmunzelt werden konnte. So auch zu Beginn des 19. Jahrhunderts. Zwei Tage vor Heiligabend ging der Förster des klostereigenen Waldes mit seinem Gehilfen Christian auf Jagd. Es gehörte zu seinen Aufgaben, auch das Kloster Barsinghausen mit Wildbret zu versorgen. Seit geraumer Zeit war er schon einem kapitalen Hirsch auf der Spur. Heute nun sollte das Tier erlegt werden. Alles verlief nach Plan. Noch vor Ort wurde der Hirsch aufgebrochen und ausgeweidet. Eine Hälfte sollte das Kloster bekommen, die andere Hälfte teilte sich der Förster mit dem Verwalter des nahe gelegenen

Klostergutes. Am nächsten Tag würde er bei der Lieferung an das Kloster dabei sein, denn zu besonderen Anlässen – und Heiligabend war etwas Besonderes – wurde er zur Äbtissin vorgelassen. War sie zufrieden mit der Lieferung, hielt sie einen guten Tropfen Wein für ihn bereit. Er würde Christian mitnehmen, auf den konnte er sich verlassen.

Am nächsten Morgen – im Kloster steckte man mitten in den Weihnachtsvorbereitungen – zog sich die junge Küchenhilfe Mathilde erneut den Zorn der Köchin zu. Sie war einfach nicht bei der Sache. Ihre Gedanken liefen den Stunden voraus. Mit Herzklopfen dachte sie an ihren Christian. Ihre Liebe hielt schon eine ganze Weile an. Heimliche Treffen, heiße Küsse – sie träumte Tag und Nacht von ihm. Heute, nach getaner Arbeit würde sie ihn wiedersehen. Sie konnte es kaum erwarten, bemühte sich nun aber, achtsam zu sein, damit die wenigen freien Stunden nicht noch gestrichen wurden. Endlich war es so weit. Es wurde dunkel. Immer wieder hauchte Mathilde die Eisblumen am kleinen Fenster ihrer Dachkammer an, um ein wenig Sicht in den tief verschneiten Klostergarten zu bekommen. Dann sah sie eine vermummte Gestalt durch den Schnee stapfen. Bald darauf klopfte es unten an der Eingangstür. Christian, dachte sie, nahm die bereitstehende Kerze und lief behände die Treppenstufen hinab. Doch bei so viel Schwung verlosch die Kerze schon auf halbem Wege. Mathilde verhielt einen kurzen Augenblick, dann rannte sie im Dunkeln weiter zur Tür, fiel dem eintretenden Mann um den Hals und küsste ihn. Aber irgendwie war heute alles anders.

Sie spürte einen Bart und zwei Arme, die sie unter Protest von sich schoben. Stumm vor Entsetzen stellte sie fest, dass sie nicht ihren Christian, sondern den Förster geküsst hatte.

Was nun? Der Förster, ein ehrbarer Ehemann, ließ sich durch ihre Tränen nicht erweichen. Er bestand darauf, Meldung bei der Äbtissin zu machen, und nahm Mathilde gleich mit. Die Äbtissin, die den Förster erwartet hatte, zeigte sich etwas erstaunt über Mathildes Beisein. Sie war eine strenge, aber gerechte Frau, und Liebeleien im Kloster konnte sie nun wirklich nicht dulden. Solche Leichtfertigkeiten mussten bestraft werden. Also wurde Mathilde christlich zur Räson gebracht, erhielt zunächst Ausgangsverbot und wurde in ihre Kammer geschickt. Die Äbtissin bedankte sich bei dem Förster und lobte ihn für sein tadelloses Verhalten. Doch wer sie kannte, hätte in diesem Moment ein unterdrücktes Lächeln in ihrem Gesicht entdecken können. Sie ließ sich noch Neuigkeiten aus dem Forst berichten, schenkte dem Förster erneut ein und entließ ihn mit dem Versprechen, am nächsten Tag den Jagdgehilfen Christian zum Kloster zu schicken.

Was sie dem verlegenen Christian sagte, ist nicht überliefert. Überliefert ist, dass zur Jahreswende die Verlobung der jungen Leute stattfand. Bis Heiligabend hatten sich die Wogen im Kloster wieder geglättet.

Die Äbtissin bat alle Konventualinnen zum Festmahl, zu dem natürlich ein schmackhafter Hirschbraten mit Beilagen gereicht wurde.

Gespickte Hirschkeule mit Beilagen

Festtagsrezept für sechs Personen

1800 g Hirschkeule (ohne Knochen)
350 g fetter Speck (nicht aus dem Rauch)
200 g Sahne
2 l Buttermilch

90 g Fett
0,2 l Rotwein
2 EL geschüttelte Johannisbeeren
6 mittelgroße Zwiebeln
Salz
Pfeffer
Mehl

Rotkohl: *1 Kopf*
70 g Schmalz
5 Äpfel
Salz
Zimt
6 Gewürznelken

Äpfel: *6 Stück*
geschüttelte Johannisbeeren

Braten: Hirschkeule säubern, 20 Stunden in reichlich Buttermilch legen, säubern und trockenreiben. Speck in schmale Streifen schneiden, mit einem Messer kleine Schlitze in das Fleisch schneiden und den Speck einziehen. Rundum mit Pfeffer und Salz bestreuen. Topf vorheizen, Bratenfett hineingeben, Fleisch in das heiße Fett legen und bei mittlerer Hitze anbraten. Zwiebeln dazugeben. Mit 1 l Wasser ablöschen. Garzeit etwa 2–2 1/2 Stunden bei geschlossenem Topf. Danach das Fleisch schneiden und warm stellen.

Soße: Bratenflüssigkeit durch ein Leinentuch geben, Flüssigkeit leicht kochen lassen und Wein hinzufügen. Mehl mit Wasser verquirlen, langsam unter ständigem

Rühren in die Soße gießen, bis diese leicht angedickt ist, zwei Esslöffel geschüttelte Johannisbeeren unterrühren und die Sahne hinzufügen.

Rotkohl: Äußere Blätter entfernen, in Streifen schneiden, waschen, abtropfen lassen und unter Hinzugabe von Schmalz und den Gewürznelken etwa zwanzig Minuten kochen. Die geschälten und zerkleinerten Äpfel hinzugeben, noch 15 Minuten kochen lassen, etwas Zimt hinzufügen, und nach weiteren fünf Minuten Kochen servieren.
Dazu werden Salzkartoffeln gereicht.

Äpfel: Äpfel schälen, halbieren, entkernen, fünf Minuten in kochendes Wasser legen, abtropfen lassen und die Hälften mit geschüttelten Johannisbeeren füllen. Heiß zum Fleisch servieren.

In den letzten Monaten der Kriegswirren und nach Beendigung des Zweiten Weltkriegs lebten im Kloster Barsinghausen unzählige Heimatvertriebene. Sie, die alles verloren hatten, erreichten das Kloster oftmals mit letzter Kraft. Dankbar, eine Bleibe gefunden zu haben, bedurften sie der besonderen Ruhe und Fürsorge. Für die damaligen Schwestern war das eine große Herausforderung. Der Leitspruch im Kloster, *ora et labora*, kam in dieser Zeit besonders zum Tragen.
Seit 1996 leben Schwestern der Evangelischen Kommunität im Kloster Barsinghausen, seit dem Jahr 2000 unter der Leitung der Äbtissin Schwester Barbara S. und unterstützt von zwei Konventualinnen. Es werden Ehelosigkeit, Gütergemeinschaft und Gehorsam praktiziert. Gäste sind

herzlich willkommen, sei es für einen Tag oder auch für länger. Die Schwestern nehmen Menschen auf, die der Ruhe bedürfen, die durch Krankheit oder andere Schicksalsschläge nicht mehr allein weiterkommen. Den Hilfesuchenden werden begleitende Gebete und Gespräche angeboten, damit sie gestärkt durch die Ruhe und den Frieden des Klosters ihren weiteren Weg finden können.
Die Weihnachtszeit ist im Kloster immer noch eine besondere Zeit. Lange vorher treffen Anmeldungen von Menschen ein, die sonst das Fest alleine verbringen müssten, oder von solchen, die in der Geborgenheit des Klosters Weihnachten feiern möchten. Im Jahr 2002 wurden neun Gäste an Heiligabend erwartet. Alle Vorbereitungen liefen auf Hochtouren. Schwester Gudrun fertigte in der Klostertöpferei Kerzenständer an. Die Schwestern Erdmuth und Christine waren mit Backen und Kochen beschäftigt, unterstützt von den Schwestern Elsa und Maria-Martha. Sicher würde es wieder ein harmonisches Weihnachtsfest werden. Es wurden Kartoffel- und Heringssalat vorbereitet und natürlich auch Christstollen gebacken.

Christstollen

400 g Mehl
1 P. Backpulver
1 Ei
150 g Zucker
1 P. Vanillezucker
1 Prise Salz
1/2 TL Bittermandelaroma
250 g Speisequark
175 g Margarine

150 g Sultaninen
25 g Korinthen
150 g gehackte Mandeln
100 g gehackte Walnüsse
1/2 P. Zitronat
abgeriebene Zitrone

Alle Zutaten zu einem Laib formen, etwa 70 Min. bei 170–180 °C backen (Ober- und Unterhitze). Nach dem Backen mit zerlaufener Butter bestreichen und mit Puderzucker bestreuen.

Ja, und dann wäre Heiligabend 2002 beinahe ausgefallen. Seit Tagen war es sehr kalt, die Straßen schlecht befahrbar. Dann, am Heiligabend, kam Nässe hinzu, die auf dem kalten Boden sofort für Glatteis sorgte. Alles Streuen half nichts. Die Eisschicht wurde immer dicker. Busse mussten den Verkehr einstellen, Bahnen konnten bei gefrorenen Oberleitungen nicht mehr fahren. Wie sollten nun die Gäste zum Kloster gelangen? Eine ältere Dame musste mit Tränen in der Stimme absagen. In Hannover nahm kein Taxi eine Fahrt an. Und doch waren es Taxifahrer, die die eine oder andere Fahrt machten. Es müssen Schutzengel am Steuer gesessen haben. Auf diese Weise kam eine Dame aus Ostfriesland im Kloster an. Sie, die seit dem frühen Morgen unterwegs gewesen war, kam nur bis Haste bei Wunstorf, dann ging nichts mehr. Traurig teilte sie der Äbtissin per Telefon mit, dass mit ihr wohl nicht mehr zu rechnen sei. Plötzlich hielt – wie aus dem Nichts – ein Taxi neben ihr. Ein freundlich lächelnder Fahrer fragte, ob sie mitfahren wolle. Er brachte sie die letzten 19 km bis nach Barsinghausen. Pünktlich zur Vesper um 18.00 Uhr kam sie wohlbehalten im Kloster an. Eine andere Dame hatte sich Spikes angeschnallt und schaffte so den Weg. Am Ende hatten sechs von den neun Damen den Weg zum Kloster gefunden. Sicher wurden an diesem Abend besonders viele Dankgebete zum Himmel geschickt. Der Konventsaal diente festlich geschmückt als Weihnachtsstube. Hier wurde das Festmahl eingenommen, hier wurden – begleitet von Schwester Erdmuth am Klavier – alte Weihnachtslieder gesungen. So gab es doch noch einen Heiligabend 2002.

Noch eine kleine Begebenheit sollte Erwähnung finden. Seit ein paar Jahren kommen an Epiphanias (6. Januar) als die Heiligen Drei Könige verkleidete Kinder aus der nahe gelegenen St.-Barbara-Kirche. In diesem Jahr kamen die Könige Caspar, Melchior und Balthasar in doppelter Besetzung.

Alles verlief in heiterer Atmosphäre, bis jemandem auffiel, dass der eine König Caspar unruhig wurde. Auf die Frage, was ihm denn fehle, schniefte er leise, deutete auf seine triefende Nase und rutschte unruhig hin und her. Auf den Rat seiner Begleitung, sich die Nase doch zu putzen, schüttelte er den Kopf: «Das kann ich nicht, dann geht ja die Farbe ab!» Aber alles Sträuben half nichts, sie musste geputzt werden, und der unglückliche Caspar wurde ganz weiß um die Nase. Beim Verlassen des Klosters lachte er aber schon wieder.

Für mich ist heute der Besuch im Kloster Barsinghausen beendet. Die Äbtissin begleitet mich zur Tür. Langsam gehe ich durch den tief verschneiten Klostergarten zum Haupttor. Auf halbem Weg drehe ich mich noch einmal um. Die Tür ist inzwischen verschlossen, nicht aber die Herzen der Menschen, die hier wohnen. Ich durfte die Warmherzigkeit

und Aufgeschlossenheit der Klosterbewohnerinnen erleben. Durfte erleben, dass das Leben im Kloster Barsinghausen Ruhe und Frieden in die Herzen trägt, wie es der Leitspruch *ora et labora* vorsieht.
Langsam wende ich mich ab, doch ich bin sicher, ich werde diesen Weg erneut gehen.

Angelika Gardiner

«Man soll sich vor der Geschwätzigkeit hüten ...»

Die Karmelitinnen vom Sühnekloster an der KZ-Gedenkstätte Dachau

Wie still die Welt wird, wenn sie im Nebel versinkt. Im wattigen Grau des Dezembermorgens verschwimmen Tankstellen, Gewerbegebiete, Alleebäume, Straßenschilder. Das flache Land nordwestlich von München wirkt verlassen, wie abgestorben. Selbst die sonst so verkehrsreiche Umgehungsstraße ist leer bis auf den einen oder anderen Lastwagen, dessen Scheinwerfer mühsam einen Weg durch die alles verschluckenden milchigen Schwaden suchen. Auf der Fahrt hinaus aus der Kreisstadt Dachau ist nur die Mauer klar zu erkennen, diese übermannshohe, stacheldrahtbewehrte Mauer mit ihren Wachtürmen, hinter der über 200 000 Häftlinge zum Teil jahrelang gelitten haben. 30 000 Menschen sind hier ums Leben gekommen, verhungert, erschossen, zu Tode gequält. Dabei hat das Konzentrationslager Dachau noch nicht einmal zu den so genannten Vernichtungslagern gehört. Es war aber das erste seiner Art, hier wurden hauptsächlich die so genannten Politischen von Hitlers Schergen geschunden. Ich habe mit ausländischen Gästen schon so oft die Dachauer KZ-Gedenkstätte besucht, dass ich es von Mal zu Mal schlechter aushalte, auf dieses düstere Kapitel der jüngeren deutschen Geschichte Antworten finden zu müssen. Auch jetzt würde ich am liebsten umkehren. Der Nebel macht alles noch schlimmer.

Links am Ende der Mauer ein kleiner Parkplatz. Zwischen dieser trostlosen Mauer und einer grau verwitterten Holzwand ein langer Gang, der mich an Filme über die Schlachthöfe von Chicago denken lässt mit Rinderherden, die durch solche Korridore getrieben werden. Dann stehe ich in einem friedlichen kleinen Klosterhof mit weiß gestrichenen Wänden, an denen das letzte Grün von Kletterpflanzen die Kargheit der Umgebung ein wenig mildert. An den fast kahlen Bäumen, die das Geviert etwas auflockern, hängen Regentropfen, ein paar letzte Blätter leuchten golden im Nebel. Trotz der strengen schwarzen Gitterstäbe wirkt das Tor zur Blut-Christi-Kirche einladend. Später erfahre ich: Ausländische Gruppen kommen nach dem Besuch des KZ-Museums gern hierher, um eine Messe zu lesen. Auch einzelne Besucher, verstört von dem, was sie in der Gedenkstätte gesehen und erfahren haben, beruhigen sich anschließend in der Klosterkirche beim stillen Gebet. In der rechten Seitenwand des Innenhofs ein bescheidener Laden, in dem Kerzen und Glückwunschkarten, fromme Bücher und Bilder verkauft werden. Sehr viel mehr bekommen Fremde nicht zu sehen, der größte Teil des Klosters bleibt der Öffentlichkeit verschlossen. Karmelitinnen sehen ihre zentrale Lebensaufgabe in der Zurückgezogenheit und Versenkung in Gott. «Jeder soll in seiner Zelle bleiben, Tag und Nacht im Gesetz des Herrn betrachten und im Gebet wachen, wenn er nicht durch anderweitige Beschäftigung rechtmäßig in Anspruch genommen wird», heißt einer der Kernsätze der ursprünglichen Karmelitenregel. Wer so lebt, braucht die Abgeschiedenheit der Klausur.

Natürlich hätte ich auch auf einem anderen Weg kommen können – durch den Haupteingang und das Lagertor mit seiner vieltausendfach fotografierten zynischen Inschrift «Arbeit macht frei», durch die KZ-Gedenkstätte hindurch, auf der Lagerstraße zwischen den Fundamenten der ehemaligen Häftlingsbaracken. Ganz hinten auf dem Gelände stehen ein jüdisches Mahnmal, die katholische Todesangst-Christi-Kapelle und die evangelische Versöhnungskirche. Wenn man dann noch ein paar Schritte weitergeht, gelangt man ebenfalls in den Klosterhof, dem ich mich von der Seite her genähert habe. Aber ich wollte nicht erst das ganze ehemalige Konzentrationslager durchqueren, noch dazu hätte ich durch einen dieser schrecklichen Wachtürme gehen müssen. Und ich fürchte, das hätte ich nicht geschafft, wo mich doch an diesem trüben Morgen sowieso das Gefühl nicht loslässt, von allen gequälten Seelen dieser Erde umgeben zu sein.

Wie kann man sich freiwillig dafür entscheiden, hier den Rest seiner Tage zu verbringen? Die Nonnen, die in das Dachauer Kloster eintreten, sind sich völlig im Klaren darüber, dass sie nie wieder irgendwo anders leben werden. Für ihre Zukunft im Karmel geben sie alles auf: Familie, Beruf, Besitz. «Wer nur der Welt entfliehen will, ist hier fehl am Platz», sagt Schwester Irmengard, die an diesem Tag die Besucher betreut. «Zum Klosterleben gehört Berufung.» Karmel Heilig Blut Dachau ist ein Sühnekloster, das bewusst in unmittelbarer Nachbarschaft zum KZ-Museum errichtet wurde. Den Anstoß zu seiner Gründung gab die Priorin des Karmels St. Josef in Beuel-Pützchen bei Bonn, Maria-Theresia von der gekreuzigten Liebe (1911–1970). In mehreren Briefen an den Münchner Kardinal Döpfner umriss sie Anfang der sechziger Jahre ihre Idee, dass auf das Gelände des ehemaligen Konzentrationslagers ein Karmel gehöre. Die Ordensfrau, die mit weltlichem Namen Berta

Vorbach hieß, schrieb unter anderem: «Ein Ort, wo so gefrevelt wurde, wo so viele Menschen Unsagbares gelitten haben, darf nicht zu einer neutralen Gedenkstätte oder gar einem Besichtigungsort erniedrigt werden. Es sollte stellvertretende Sühne geleistet werden durch das Opfer unseres Herrn Jesus Christus und verbunden damit durch das Opfer und die Sühne von Menschen, die sich diesem leidenden und sühnenden Herrn in Liebe und Gehorsam anschließen. Der Orden des Karmel ist in besonderer Weise zu opferndem und sühnendem Gebet berufen.»

Kardinal Döpfner ließ sich überzeugen. Auf dem Gelände einer aufgeschütteten Kiesgrube, in der während des Dritten Reichs Häftlinge schuften mussten, errichtete Architekt Josef Wiedemann die ebenerdige Klosteranlage in Form eines Kreuzes. Nach der Ordensregel, die für jeden Karmel höchstens 21 Nonnen vorsieht, entwarf er 21 spitzgiebelige Häuschen. Diese Zellen, die an die erdgeschossigen KZ-Baracken erinnern sollen, sind alle nach Süden, zum Lager hin, ausgerichtet. Noch während des Klosterbaus siedelte Mutter Maria Theresia Vorbach mit fünf Schwestern aus dem Karmel in Pützchen nach Dachau über und half den Maurern als Handlangerin bei der Arbeit. Im November 1964 wurde das Kloster eingeweiht. «Dachau», so schrieb sie damals, «ist ja nur Zeichen dafür, was geschieht, wenn der Staat an die Stelle Gottes gesetzt wird.»

Wie aber erträgt man auf Dauer die bedrückende Nähe einer solchen Stätte des Grauens und des Todes? Im Gespräch mit Schwester Irmengard stellt sich heraus, dass es auch für die Nonnen alles andere als einfach ist, diese tägliche Konfrontation zu bewältigen. «Als Einzelne könnte ich es hier nicht aushalten, aber in der Gemeinschaft, wo man im Alltag und in der Gegenwart lebt – da geht es», sagt Schwester Irmengard, die vor über dreißig Jahren in das Dachauer Kloster eingetreten ist. Mit einem Satz, den wohl nur sehr glaubensferne Menschen als hilflos empfinden, versucht die freundliche grauhaarige Frau zu erklären, wie sie und ihre Mitschwestern jeden Tag aufs Neue der Herausforderung Dachau begegnen: «Wir können dem Geschehenen nur die Liebe und die Hoffnung entgegensetzen.» Keine der derzeit achtzehn Dachauer Karmelitinnen vergisst jemals, wo sie sich befindet. «Aber man kann das KZ nicht pausenlos thematisieren», weiß Schwester Irmengard. Sie schildert ein Beispiel: Beim gemeinsamen Mittagessen im Refektorium wird üblicherweise vorgelesen (wochentags, an Sonntagen gibt es festliche Tafelmusik vom Band). Dafür werden nicht nur fromme Bücher ausgewählt, sondern es darf durchaus auch anspruchsvolle weltliche Lektüre sein. «Einmal», so Schwester Irmengard, «haben wir uns für KZ-Literatur entschieden. Aber das mussten wir abbrechen. Es wurde uns einfach zu viel, auch noch beim Essen diese grauenvollen Geschichten zu hören.»

«Der Engel des Herrn grüßte Maria und sprach ...» Die Frauenstimmen, die aus dem Stundenbuch der katholischen Kirche vorweihnachtliche Texte rezitieren, verlieren sich schwebend irgendwo unter dem Dach des schmucklosen Kirchenraums. Für eine Kapelle fast zu groß, für eine oberbayerische Klosterkirche beinahe zu karg: Ziegelwände, Holz und rau verputztes Mauerwerk. Neben dem schlichten Altar eine moderne Pietà, die in ihrer Strenge eine unmittelbare Ahnung vom Schmerz der Mutter um ihren gekreuzigten Sohn vermittelt. Karmel Heilig Blut Dachau hat nichts von dem barocken Gepränge, das andere

Klöster im Voralpenland berühmt gemacht hat. Kein Tannengrün mit Lametta und bunten Kugeln, keine kindliche Adventseligkeit lenkt ab von der zarten Klarheit des Gesangs, der Botschaft in den Psalmen, die die Nonnen abwechselnd vortragen. Heitere Ruhe liegt auf den Frauengesichtern, so als gäbe es nichts auf der Welt, worum der Mensch sich sorgen muss. So wird man wohl, wenn die innere Zwiesprache mit Gott wichtiger geworden ist als das weltliche Getriebe.

Dann ist das Chorgebet vorbei. Schweigend ziehen sich die frommen Frauen in die Abgeschiedenheit ihrer Zellen zurück. Gern wüsste ich, was sie jetzt tun. Aber kein Außenstehender darf in den inneren Bereich des Klosters. Selbst Menschen, die sich für kürzere oder längere Zeit in einem der fünf Gästezimmer des Klosters einmieten, um geistige Einkehr zu halten, haben keinen Zutritt zu dem, was die Klausur ausmacht. In Dachau hat jede Nonne ihr eigenes weiß getünchtes Häuschen, das auch für die anderen Schwestern tabu ist. «Wir leben nicht wie eine Familie, sondern eher wie Freundinnen oder Gefährtinnen – so wie es die heilige Teresa wollte», umreißt Schwester Irmengard die klösterliche Gemeinschaft. Nur die Priorin darf die Zelle einer Karmelitin betreten. Fotos zeigen kleine Räume von äußerster Schlichtheit. Aber das ist es ja, was die Karmeliterklöster von jeher auszeichnet: Einfachheit, Konzentration auf das Wesentliche.

Am Berg Karmel in Palästina hatten sich um das 13. Jahrhundert herum europäische Eremiten niedergelassen, die im Gefolge der Kreuzzüge ins Heilige Land gekommen waren. Sie beriefen sich auf den Propheten Elija aus dem Alten Testament, der in der Einsamkeit des Karmel seine Gottesoffenbarung hatte. Ihm eiferten die christlichen

Brüder nach; frei von irdischen Versuchungen, in Besitzlosigkeit und Schweigen wollten sie Gott huldigen. Dieses mönchische Ideal war jedoch nicht von allzu langer Dauer. Verfolgt und vertrieben von den Sarazenen, zogen die Einsiedler vom Berg Karmel nach Europa zurück, wo die Brüdergemeinschaft der Eremiten allerdings nicht in gleicher Weise weiterbestehen konnte. Doch die Sehnsucht nach den kontemplativen Anfängen blieb durch die Jahrhunderte erhalten und prägte den Ordensgeist. Erst im 15. Jahrhundert wurden auch Frauen zugelassen, die dann zum Teil in großen Ordensgemeinschaften von über hundert Nonnen lebten. Aber das war es nicht, was die elegante spanische Adlige Doña Teresa suchte, als sie ins Kloster eintrat. Sie wollte zurück zu den karmelitischen Ursprüngen der Einfachheit und Stille. Gemeinsam mit vier Freundinnen richtete sie 1562 in einem gestifteten Haus ein eigenes Klösterchen ein – ohne Geld und nur mit einem päpstlichen Schutzbrief ausgestattet, der die rebellische Gründung dem Bischof von Ávila unterstellte. Kennzeichen für ihre Abkehr vom Wohlstandschristentum war der unbekleidete Fuß. Auch die Dachauer Nonnen gehören zu den Unbeschuhten Karmelitinnen. Armut und schweigendes Gebet. «Manche Leute meinen, wir im Kloster hätten es einfacher, Gott nahe zu sein», meint Schwester Irmengard. «Sie haben in gewisser Weise Recht. Wir haben wenig Ablenkung von außen, kein Radio, keine Werbung, nichts von dem, was auf die Menschen von heute so einprasselt. Das macht es wirklich leichter.»

Der Tagesablauf in dem kleinen bayerischen Kloster ist genau geregelt. Am wichtigsten für das Selbstverständnis von Karmelitinnen ist das «innere Gebet», das heißt mindestens morgens und abends eine Stunde Meditation in einer Körperhaltung, die fast derjenigen fernöstlicher Weiser gleicht: sitzend mit gekreuzten Beinen oder auf den Fersen hockend. Karmelitinnen verstehen ihre Gebete als stumme Zwiesprache, als «direkten Kontakt von Schöpfer und Geschöpf», als «Beziehungsereignis» – so die Dachauer Schwester Elisabeth Veronika Schmitt in einer ihrer Schriften. «Beim Gebet geht es also nicht nur darum, dass wir Redende sind, sondern dass wir Hörende, Lauschende werden auf Gott in uns.» Obwohl die Karmelitinnen zu den Schweigeorden zählen, hat auch das gesprochene Wort seinen Platz – in Maßen. «Wir haben keine Zeichensprache, das Notwendige kann gesagt werden», so Schwester Enikö, die aus Ungarn stammende Priorin des Dachauer Klosters. «Aber in der Ordensregel steht, man soll sich vor der Geschwätzigkeit hüten, denn die Geschwätzigkeit geht nie ohne Sünde ab.»

Wovon lebt so ein kleines, nach innen gekehrtes Kloster? Selbst Nonnen, die sich lebenslanger Armut verschrieben haben, brauchen Kleidung, müssen essen. Seit dem Zweiten Vatikanischen Konzil sind auch die kontemplativen Orden gehalten, weitgehend selbst für ihren Unterhalt zu sorgen. Die Karmelitinnen, die nach ihrer Ordensregel keine Tätigkeit außerhalb des Klosters ausüben dürfen, haben damit so ihre Schwierigkeiten. Im Verständnis der Arbeit sei in den vergangenen Jahrzehnten wahrscheinlich der stärkste Wandel im Ordensleben erfolgt, schreibt Schwester Veronika Elisabeth Schmitt. («Karmel – Weg in Innenräume», Verlag Echter Würzburg). «Oftmals wurde in den Klöstern die Arbeit einseitig als Buße und Askese missverstanden», bemerkt die Verfasserin. «Aber die Arbeit gehört zum Grundauftrag, die Erde zu gestalten.» Auch Ordensgründerin Teresa von Ávila sah keinen Gegensatz zwischen einem tätigen und einem gottgefälligen Leben. «Christus ist auch in der Küche, mitten unter den Kochtöpfen», lautet einer ihrer bekanntesten Lehrsätze. Eine der Dachauer Schwestern malt Ikonen, eine andere töpfert, eine dritte ist für die Kerzenherstellung zuständig. Aber was lässt sich damit schon verdienen, wenn alle Produkte nur in dem einzigen kleinen Klosterladen verkauft werden können?

Irgendwie kommen die Dachauer Nonnen trotzdem immer wieder zurecht. Besucher stecken Geldscheine und Münzen in den Opferstock, für Alters- und Krankenversicherung der Schwestern sorgt die Dachorganisation des Ordens und für den Erhalt der Gebäude das erzbischöfliche Ordinariat in München. «Wir haben zwar Gottvertrauen, aber wir planen auch, so gut das geht. Wir müssen also nicht das Hungerglöcklein läuten, wie der Clarissinnenorden», sagt Schwester Irmengard und lädt mich zu einem einfachen Mittagessen aus Rührei, Reis und Rosenkohl ein. Der Schnittlauch stammt aus Schwester Angelas Klostergarten, der aber auch nicht genügend Kräuter, Salat und Gemüse liefert, um damit übers Jahr zu kommen. Manchmal geben Dachauer Geschäftsleute Obst, Gemüse oder Fleisch an der Pforte ab. An Weihnachten etwa. «Unser Festessen an Weihnachten hängt ganz davon ab, was uns die Leute schenken», sagt Schwester Irmengard mit einem kleinen Lächeln der Vorfreude. «Mal kriegen wir eine Gans, im nächsten Jahr vielleicht eine Pute oder einen schönen Schweinsbraten. Aber immer ist es etwas Besonderes», schwärmt sie. Überhaupt, Weihnachten. Am Heiligen Abend beginnt um 21 Uhr die zweistündige Christmette, vorher gibt es eine musikalische Einstimmung mit Orgelwerken und feierlicher Instrumentalmusik. «Zur

Christmette kommen so viele Dachauer in unsere Kirche, dass sie gesteckt voll ist. Da ist kein Platz mehr frei», berichtet Schwester Irmengard. Erst gegen Mitternacht gibt es auch für die Nonnen Glühwein und Plätzchen in unbeschwerter Runde. «Gott bewahre mich vor den düsteren Heiligen», soll Ordensgründerin Teresa gesagt haben, und so feiern auch ihre Karmelitinnen alle Feste, die das Klosterjahr so zu bieten hat.

Schwester Irmengard führt mich ins Sprechzimmer, einen einfachen kleinen Raum, in dessen Mitte eine helle Linie den Fußboden teilt – bleibende Erinnerung an die Zeiten, als Karmelitinnen nur durch ein eisernes Gitter hindurch und auch nur in Ausnahmefällen mit Besuchern reden durften. In den letzten drei Jahrzehnten hat es eine ganze Reihe von Lockerungen gegeben. Unbeschuhte Karmelitinnen im nördlichen Europa waren zwar nie ganz barfuß, aber längst haben sie sich auch von den Hanfsandalen verabschiedet, die früher das einzige Schuhwerk der Schwestern waren. Sogar einen Fernseher gibt es im Kloster Dachau – zum gelegentlichen Empfang frommer Sendungen. Auch die Tagesschau sehen sich die Ordensfrauen gemeinsam an. «Wenn wir die Menschen in ihrer Not verstehen wollen, müssen wir auch wissen, was in der Welt passiert», sagt Schwester Irmengard. Die Hinwendung zu Gott und die gleichzeitige Nähe zu den Menschen in ihrer ganzen Fehlbarkeit – für Karmelitinnen eher Aufgabe als Widerspruch. «Die Kraft des Gebetes soll auch die vielen Menschen erreichen, die das ehemalige Lager besuchen; sie sollen in unserer Kirche zur Ruhe kommen und sich mit ihren eigenen Sorgen von unserem Beten getragen erfahren», schreibt die Dachauer Karmelitin Schwester Veronika Elisabeth Schmitt. «Wir wissen uns betend allen jenen nahe, die durch Leid oder Schuld in einer inneren Beziehung zu dieser Stätte stehen, und darüber hinaus allen, die uns teilnehmen lassen an dem Schönen und Schweren, das sie betrifft.»

Diese stille Art der Seelsorge hat sich herumgesprochen. In einer Kreisstadt wie Dachau könnten die Mühseligen und Beladenen durchaus den Weg zu Beratungsstellen und Psychotherapeuten finden. Aber verblüffend viele, die mit Kummer und Leid nicht mehr allein fertig werden, vertrauen sich lieber den Klosterfrauen an. «Beten Sie für uns», fleht eine Mittfünfzigerin, die erkennbar nicht zu den Wohlhabenden im Lande gehört. Sie steht zwischen all den duftenden Bienenwachskerzen im Klosterladen und zerknüllt ihr Taschentuch in der Hand. Ihr ältester Sohn ist schwul und heroinabhängig, schluchzt sie. Das Geld für seine Sucht beschafft er sich auf krummen Wegen, und sein Dealer hat ihn offensichtlich fest im Griff. «Jetzt fängt er auch noch an, seinen kleinen Bruder da mit reinzuziehen», jammert die verzweifelte Mutter. «Ich weiß nicht mehr ein noch aus ...» Die Nonne im schwarz-braunen Habit hört mit freundlicher Aufmerksamkeit zu. Ganz bestimmt wird sie für diese Dachauerin und ihre gefährdeten Söhne beten. Aber Ratschläge oder tröstender Zuspruch – das ist nicht ihr Metier. Trotzdem wird die unglückliche Frau allmählich sichtbar ruhiger, bis schließlich ein Ausdruck von Dankbarkeit und Erleichterung auf ihrem vom vielen Weinen verquollenen Gesicht liegt. «Wir erhalten häufig Anfragen mit der Bitte um Gebete», erzählt Schwester Irmengard, sobald die leidgeplagte Mutter leise die Tür hinter sich zugezogen hat. «Und wir kommen diesen Anliegen gern nach.»

Nachdem ich mich verabschiedet habe, gehe ich doch noch

auf dem Gelände des ehemaligen Konzentrationslagers umher. Ein paar Schneeflocken taumeln durch die Luft. Wieder einmal verschlägt es mir fast den Atem, wenn ich mir vorzustellen versuche, wie hier, am Rande einer völlig harmlos wirkenden oberbayerischen Kleinstadt, Tausende von Menschen zugrunde gerichtet und umgebracht wurden. Allzu lange her ist das noch nicht. Aber mittlerweile ist bereits eine Generation herangewachsen, deren Eltern schon nichts mehr mit dem schrecklichen Geschehen zu tun hatten. Ein Besuch in Dachau ist für die Mädchen und Jungen von heute Geschichtsunterricht, wie in antiken Ruinen. Oder doch nicht?

Eine Gruppe junger Leute fotografiert sich gegenseitig vor dem jüdischen Mahnmal. Zwischen den Fundamenten, auf denen die Häftlingsbaracken standen, schlendert eng umschlungen ein Pärchen. Würde Schwester Irmengard ein solches Verhalten an diesem Ort pietätlos finden? Ich bin mir da nicht sicher. Karmelitinnen sind nicht so lebensfremd, dass sie nicht wüssten, wie es um den Menschen in der Welt bestellt ist. «Wir sind Kinder unserer Zeit und bringen mit, was uns geprägt hat», hatte Schwester Irmengard über das Zusammenleben im Kloster gesagt. «In einer kleinen Gemeinschaft spielt sich alles ab, was sich auch in der Gesellschaft draußen abspielt.» Gerade weil Karmelitinnen die Menschen kennen, beten sie für sie. Für uns alle.

Vielleicht gibt es ja dieses Jahr zu Weihnachten im Karmelitinnenkloster Dachau das klassischste aller bayerischen Festessen – einen herrlich knusprigen, gut gewürzten Schweinsbraten, dessen Schwarte beim Reinbeißen so richtig kracht, mit Semmelknödeln und Kartoffel-Gurken-

Salat. Hier ist das Rezept, das schon Gourmet-Päpste schwach werden ließ und das südlich der Mainlinie jede gestandene Köchin im Schlaf auswendig beherrscht:

Bayerischer Schweinsbraten

Zutaten für 4 Personen
3/4 kg Schweinefleisch (Keule oder Schulter) mit Schwarte
Salz, Pfeffer
Kümmel
etwas Knoblauch
Majoran oder Basilikum

Zum Dämpfen: *1/8 l kochendes Wasser*

Bratzutaten: *1–2 Zwiebeln*
grob geschnittenes Wurzelwerk
1 Stück Brotrinde
3/8 bis 1/2 l kochende Flüssigkeit (Brühe)

Zum Bestreichen: *etwas Bier oder Wasser*

Fleisch mit Gewürzen einreiben.
Bratröhre auf 220 Grad vorheizen.
Vorbereitetes Fleisch mit der Schwarte nach unten in Bräter oder Fettpfanne legen und mit wenig kochendem Wasser zugedeckt etwa 1/4 Stunde dämpfen (dadurch wird das Ausschmelzen des Fetts erleichtert, und die Schwarte wird weich). Schwarte dann 1/2 cm tief karoförmig einschneiden (sofern nicht vom Metzger bereits besorgt). Bratzutaten zugeben. Sobald alles Wasser verdampft ist, beginnt das Braten.

Fleisch offen bei guter Hitze in der Röhre braten, mit ausgebratenem Fett öfter begießen. Sobald Fleisch und Bratzutaten eine schöne Farbe haben, wenig kochende Flüssigkeit seitlich zugießen, bis der Braten braun, knusprig und gar ist. Bei Bedarf jeweils wenig kochende Flüssigkeit zugießen. Größere Braten während des Bratens einmal wenden, bei sehr fetten Braten ausgebratenes Fett abschöpfen.
Um eine knusprige Schwarte zu erhalten, diese unmittelbar vor dem Ende der Garzeit mehrmals mit kaltem Wasser oder Bier bestreichen und noch kurz in heißer Röhre überbraten.
Brattemperatur: Kleinere Braten bei 220–230 Grad, größere Fettbraten bei 200–220 Grad braten.

Bratzeit: je nach Fleischqualität und Dicke des Bratenstücks – bis 1 kg Fleisch 1 1/2 bis 2 Stunden, große Braten länger. Schweinsbraten wird immer völlig durchgegart. Vor dem Servieren: Braten aus der Soße nehmen, zugedeckt heiß stellen und 5–10 Minuten ruhen lassen, damit der Fleischsaft beim Tranchieren nicht ausfließt. Sehr fette Soße entfetten. Bratenansatz lösen, falls nötig Brühe zugeben und aufkochen. Abseihen und abschmecken.

Zu einem bayerischen Schweinsbraten gehören natürlich unbedingt Knödel, entweder von rohen Kartoffeln (die aber manchmal eine leicht gummiartige Konsistenz haben) oder wunderbar lockere Semmelknödel, die hervorragend geeignet sind, die kräftige Bratensoße aufzusaugen.

Semmelknödel

8–10 alte Semmeln (Brötchen)
Salz
3/8 l lauwarme Milch
3–4 Eier
1 Zwiebel
Petersiliengrün
evtl. 20 g Fett zum Andünsten

Semmeln in feine Scheiben schneiden (in Bayern kann man sie bereits geschnitten als Knödelbrot beim Bäcker kaufen), salzen, mit lauwarmer Milch übergießen, zugedeckt 20–30 Minuten ziehen lassen.

Fein geschnittene Zwiebel im Fett andünsten, mit gewiegter Petersilie und Eiern (durch die Eier werden die Knödel schön locker!) zu den Semmeln geben und zu Teig verkneten. Noch einmal 20–30 Minuten ziehen lassen.

Probeknödel in kochendes Salzwasser geben. Falls er zerfällt, für mehr Festigkeit Semmelbrösel (Paniermehl) zum Teig geben.

Knödel mit nassen Händen glatt formen, in kochendes Salzwasser einlegen. Knödel zugedeckt rasch zum Kochen bringen, dann halb offen leise ziehen lassen, bis sie nach oben steigen. Nicht mehr kochen! Mit Schaumlöffel aus dem Sud heben, abtropfen lassen und auf einer Platte sofort servieren.

Für ein festliches Essen kann man dem Knödelteig auch klein geschnittene Schinkenwürfel beifügen.

Als weitere Beilagen passen je nach Jahreszeit Blaukraut (Rotkohl), Rosenkohl, Wirsing (im Herbst und Winter) oder

Bayerischer Kartoffel-Gurken-Salat

Zutaten für 4 Personen
3/4 kg fest kochende Salatkartoffeln
2 Zwiebeln
1 Salatgurke, geschält und in feine Scheiben gehobelt

Marinade: *4–6 EL Essig*
1/8 bis 1/4 l heiße Gemüse- oder Fleischbrühe
Salz
1 Prise Zucker
2–3 EL Öl

Kartoffeln frisch dämpfen, schälen, etwas abkühlen lassen, in Scheiben schneiden, mit fein geschnittenen Zwiebeln mischen. Die warmen Kartoffeln mit noch heißer Marinade (ohne Öl) anmachen, vorsichtig mischen, abschmecken, gut durchziehen lassen. Erst zum Schluss das Öl unterziehen. Kurz vor dem Anrichten die fein gehobelte Salatgurke darunter mischen.
Statt der Salatgurke kann man auch Vogerlsalat (Feldsalat) untermischen.

Ilsa-Marie v. Holtzendorff

Ein Geschenk in der Uckermark

Kloster Chorin

Wenn man von Angermünde durch das hügelige Gelände der ausgedehnten Felder und Wälder der Uckermark auf der B 2 Richtung Eberswalde fährt, gelangt man schließlich nach Chorin. Inmitten einer parkähnlichen Wald- und Seenlandschaft erreicht der Besucher das kleine Dorf mit der imposanten Kulisse der alten Klosterruine von Chorin. Die äußere Anlage zeigt deutlich, dass man sich auf historisch und architektonisch geschichtsträchtigem Boden befindet. Jetzt im Dezember liegt die Landschaft in der schneebedeckten Weite im Winterschlaf. Vereinzelt erblickt man schwarze Krähen, die die Klosterruine umkreisen. Dabei geben sie ihr eigentümliches Gekrächze von sich, und man fröstelt aufgrund der äußeren Temperaturen und der leichten Unheimlichkeit der Umgebung.

Ich bin auf der Spur nach dem Schatz von Chorin, wie schon so viele vor mir, die hinter den wuchtigen Klostermauern den Gold- und Silberschatz der Zisterziensermönche vermuteten.
Ich mache Halt an der ehemaligen Fachwerkscheune aus dem Jahre 1750, die kürzlich liebevoll zu einem gastronomischen Erlebnis umgebaut wurde. Im Detail sind Erinnerungen aus den verschiedenen Jahrzehnten und Jahrhunderten zusammengetragen und bieten dem Gast Zugang zu vergangenen Traditionen. Ich erwärme mich zunächst am offenen Kaminfeuer und bemerke meinen Hunger. Auf der

Speisekarte entdecke ich vorweihnachtliche Speisen, darunter natürlich auch die Brandenburger Weihnachtsgans.

Gänseschmaus nach Mönchsart

Zutaten für 2 Personen

2 Gänsekeulen aus der Mark
1/4 l Rotwein, saure Sahne
Rosmarin und Äpfel
Apfelrotkohl
Salzkartoffeln

Die Gänsekeulen mit Salz und Rosmarin einreiben und in einer Pfanne in heißem Fett anbraten. Mit der Hälfte des Weines ablöschen, frischen Rosmarin und zwei geschälte und geviertelte Äpfel hinzufügen. Zugedeckt im Bräter ca. 45 Min. schmoren. Für die Soße saure Sahne und etwas Rotwein ansämen und zum Sud geben. Die Keulen mit Salzkartoffeln und Rotkohl anrichten, die Soße extra reichen und den restlichen Rotwein dazu trinken.

Guten Appetit!

Sofort geht meine Phantasie in die Zeit der alten Mönche von Chorin zurück, die sich vermutlich ebenfalls in den Stallungen zahlreiche fette Martinsgänse hielten, um ihren Bedarf an winterlichen Speisen im Refektorium zu decken. Sicherlich jedoch wurde im Mittelalter der klösterlichen Blütezeit nicht so elegant getafelt, wie man das heute beschaulich in dieser schönen Schänke kann.
Ich suche Klosterspezereien auf der Speisekarte und stoße auf ein untergäriges Vollbier des Namens «Der Schwarze Abt», dazu auf «Zinnaer Klosterbruder», einen kräftigen Kräu-

terlikör. Es ist Mittagszeit, und derartig starke Getränke würden mir wohl die Sinne täuschen und mich auf der Suche nach dem Schatz von Chorin auf falsche Bahnen lenken.
Ich spaziere über das Schneefeld in Richtung Klosterkirche und Museum. Auf meinem Weg wird mir deutlich, dass wir heute nur noch die Reste einer jahrhundertealten Architektur erblicken, und meine Gedanken kreisen um eine sagenumwobene Vergangenheit.
Das Kloster Chorin wurde zwischen 1260 und 1300 gebaut und stellt einen der bedeutendsten Bauten der Backsteingotik in seiner Region dar. Das Kloster geht in den Besitz der Zisterziensermönche über, zusammen mit einem Besitz von Feldern, Wiesen, Weinbergen, Wäldern und Seen zur Eigenversorgung. Aus diesem Landreichtum heraus entwickelten sich über die Jahrhunderte hinweg die vielen Sagen um das Kloster.
Konrad Gründler sammelte viele Geschichten aus dem Choriner Land, darunter die Sage von den stummen Fröschen am Amtsee von Chorin. Danach sollen die Frösche allesamt verzaubert worden sein, nachdem sie durch ihr lautes Gequake die Mönche in ihrer Andacht gestört haben. Verflucht worden sollen sie sein, deshalb sind die Frösche wohl auch bis zum heutigen Tag verstummt. Die Sagen um den Schatz von Chorin lassen wahre Reichtümer der Mönche vermuten, die doch irgendwo versteckt sein müssen.
Auch ich bin auf der Suche nach einem Schatz, aber ich habe keine konkrete Vorstellung, wie dieser aussehen könnte. Nach der Zerstörung der Klosteranlagen im Dreißigjährigen Krieg bleiben uns heute nur die Reste der Ruinen. Klostersteine zu Mauern zusammengefügt, wie ein kunstvoll inszenierter romantischer Verfall. Notdürftig wurden über

die Jahrhunderte zaghafte Renovierungen durchgeführt, doch es fand eher ein Raubbau an den kostbaren Klostersteinen und Dachziegeln statt. In der Sage vom Amtmann von Chorin wird berichtet, dass dieser schöne Gewölbesteine aus dem Kloster schaffen ließ. Dafür wurde er fürchterlich bestraft. Tatsächlich wurden die Klosteranlagen nach der Zerstörung als Tierstallungen genutzt.
Im Sommer 2002 wurde an der Westfassade der Klosterkirche ein Schatz geborgen: Zwei Dutzend Halbthaler aus der Zeit Friedrichs des Großen, Silbermünzen mit Prägedaten von 1750 bis 1767. Im sandigen Boden der Uckermark sind sie wunderbar erhalten geblieben, keine Korrosion hat die Prägung zerstört.
Die Münzen zeigen sowohl den jungen König Friedrich im Portrait als auch den älteren Feldherrn nach dem Siebenjährigen Krieg. Interessant ist der Wert der Münzen: Sie entstammen bereits der Zeit nach der Graumann'schen Münzreform, und das bedeutet, dass 24 Halbthaler auch den tatsächlichen Wert von 12 Thalern hatten. Damals kostete ein Schaf 1 Thaler, eine Kuh 15–20 Thaler, ein Liter Bier 1/24 Thaler, und für die Ergreifung eines Deserteurs gab's 10 Thaler Belohnung.
Warum und von wem diese Münzen an der Klosterkirche verborgen wurden, darum ranken sich nur Spekulationen. Vielleicht war es damals ein sicherer Ort, weil um das Kloster herum angeblich geisterhafte Sagengestalten des Nachts vagabundierten und diesen Ort vor Nachforschungen schützten. Der beste Wächter ist ja die Angst. Trotzdem habe ich das Gefühl, dies ist nicht der Schatz, nach dem ich suche.
Die Kirchenruine wurde in diesem Jahrhundert teilweise restauriert. Es gibt auch wieder eine kleine Kapelle für

regelmäßige Gottesdienste, im Sommer findet im Klosterhof der Musiksommer statt, der zahlreiche Besucher nach Chorin lockt. Jetzt im Winter deutet ein Plakat darauf hin, dass am 24. Dezember in dem restaurierten Teil der Kapelle eine Christmette stattfindet.

Im Mittelalter haben die Mönche zur Weihnachtszeit einen klerikalen Chor gebildet und Christmessen gefeiert. Man stelle sich die Weihnachtsliturgie vor, begleitet von Gesängen aus der palästrinischen Zeit, widerhallend in den weiten Gängen der gotischen Kirchenschiffe. Jeder einzelne Stein des Gemäuers hat über Jahrhunderte hinweg diese Klänge in sich aufgenommen. Auch wenn heute der Mönchsgesang verstummt ist, so lässt sich bei genauem Hinhören der Widerhall erahnen.

Allmählich wird mir deutlich, dass ich eigentlich bereits inmitten meiner erfolgreichen Schatzsuche bin. Ich stelle fest, dass sich eine leichte Aufregung und Anspannung in mir breit macht, und ich habe das Gefühl, ganz nah am Ziel zu sein.

Eine Ausstellung, liebevoll zusammengestellt von der Museumsleiterin, zeigt mir die Schatzsucher der Vergangenheit: Friedrich Schinkel fertigte unzählige Chorinzeichnungen an. Flüchtig, vielleicht nur während eines kurzen Halts der Postkutsche auf dem Weg nach Berlin, entstanden Skizzen der Kirche mit Blick auf das mit Schutt aufgefüllte Kichenschiff. Schinkel inventarisierte in seinen Zeichnungen einzelne Gebäudeteile und gab seinem König Anregungen für ihre Rekonstruktion. Damit steht das Kloster Chorin für die Anfänge preußischer Denkmalpflege.

Für die Berliner wird die Klosterruine in der Romantik ein Objekt der Malerei und der Poesie. Der frühgotische Backsteinbau lockt Scharen von Schinkelschülern und lässt

diese Kulisse zur Lernwerkstatt werden. Backsteingotik als mittelalterliche Baukunst, das Baumaterial Backstein als Symbol von Stolz und Stärke dieser Region.
Auf der viel befahrenen Postroute zwischen Berlin und Stettin kommen auch Architekten wie Friedrich August Stüler und Ludwig Persius nicht an Chorin vorbei. Und noch im 20. Jahrhundert hören wir immer wieder die Namen bedeutender Künstler und Architekten. Max Liebermann und Bruno Taut nutzten Chorin von Berlin aus als beliebtes Ausflugsziel. Sie entdeckten den Schatz von Chorin schon damals, und ihre Sehnsucht nach bedeutender Historie konnte hier in den Ruinen Erfüllung finden.

Bei den Menschen im Dorf Chorin stößt man heute in puncto Betrachtung und Bewertung der Klosteranlage noch auf veraltete Vorstellungen. Ich gewinne den Eindruck einer uralten Kluft zwischen dem einfachen Bauernleben und dem klösterlichen Leben der Mönche.
Für mich als Besucherin ist die Entdeckung der vielfältigen kulturellen Anregungen des Klosters Chorin ein bedeutender Schatz, ein großes Erlebnis. Inmitten dieser unglaublich schönen Landschaft in der weiten Uckermark des Landes Brandenburg hat sich über die vielen Jahrhunderte eine Baukultur entwickelt, die Stolz und Stärke dieses Landes aufgreift. Bis zum heutigen Tage erleben wir beim Rundgang in und außerhalb der alten Ruinen die bedeutungsvolle Geschichte dieser Klosteranlage, sichtbar in den Resten des Verfalls. Gerade dieser über so lange Zeit «erhaltene», inszenierte Verfall lässt uns im heutigen Zeitalter der Kurzlebigkeit dieses Überdauern schätzen: Die alte frühgotische Klosteranlage, die wunderschöne Landschaft und auch die gastronomische Gastlichkeit bilden ein Ensemble

von großer Bedeutung. Ich kann die Menschen nur ermuntern, diesen Schatz zu erhalten, die Historie wichtig zu nehmen und daraus eine positive Zukunft für die Uckermark zu gestalten.

Susanne Ramthun

Wenn wir alle Krümel verputzen, kriegen wir die Vögel schon satt

Kloster Medingen

Wenn wir alle Krümel verputzen, kriegen wir die Vögel schon satt. Beim Verpacken des letzten Geschenks sann Konventualin Maria Luise Morgensee über die mögliche Bedeutung dieses Satzes nach. Sie war damit an diesem Morgen aufgewacht. Nun geriet er kurz in Vergessenheit, denn es klopfte. Auf ihr «Es ist offen!» trat die Äbtissin ins Zimmer – etwas aufgeregt, wie es schien. Sie kam sofort zur Sache: «Liebe Frau Morgensee, wir haben ein kleines Problem. Sie sind doch so patent, vielleicht wissen Sie Rat? Eben rief mich Feinkosthändler Thomsen an. Ihm ist die gesamte Elektrik in seinem Kühlraum ausgefallen, seine Frau liegt mit Grippe im Bett, und eine seiner Angestellten hat sich beim Aufwischen des Eiswassers ein Bein gebrochen. Sie ahnen, was das bedeutet: Die kalten Platten für unser Heiligabendessen können wir vergessen. Jetzt ist es kurz vor zwölf, und ich glaube kaum, dass wir so schnell noch irgendwo Ersatz herbekommen, weder hier in Medingen noch in Bad Bevensen. Was also können wir tun?»

Konventualin Morgensee kniff die Augen zusammen und schwieg. Plötzlich schien es, als würde sie innerlich die Ärmel hochkrempeln:

«Frau Äbtissin, ich habe eine Idee: Wir machen das Essen selbst, und zwar wir alle. Jede von uns hat doch irgendwelche Vorräte in ihrer Wohnung. Die legen wir zusammen und zaubern daraus ein Buffet, das alle kalten Platten in den Schatten stellt.»

Die Äbtissin wiegte bedenklich den Kopf. Dreizehn zum Teil sehr betagte, individualistische oder auch ein bisschen eigensinnige Konventualinnen so schnell zum Handeln zu überreden würde nicht ganz leicht sein. Aber was half es – sie wusste auch keine bessere Lösung. So nickte sie zustimmend und ging, um ihre Stiftsdamen von der Idee zu überzeugen.

Diese reagierten je nach Temperament empört, erschrocken, ratlos oder zupackend. Lautstark ereiferten sie sich. Als aber die Diskussion sich an der Unzuverlässigkeit der modernen Technik festzubeißen drohte, machte die Äbtissin dem Ganzen resolut ein Ende:

«Meine Damen, Weihnachten ist das Fest der Liebe, und die geht bekanntlich auch durch den Magen. Daher zähle ich heute auf Ihre tatkräftige Unterstützung!»

Und damit tat sie recht, denn alsbald begann geschäftiges Treiben auf den Fluren, in den verschiedenen Küchen und den Wirtschaftsräumen im Keller. Da wurden Möhren geschabt und Kohlrabi geraspelt, es wurde Porree geputzt, Teig gerührt und geknetet, Braten gespickt, man probierte, marinierte, garnierte und diskutierte – kurz: alle waren mit Elan bei der Sache und dachten gar nicht mehr an das «Malheur».

Das «Kochzentrum» befand sich im Keller in der großen Gemeinschaftsküche, die nur noch selten genutzt wurde. Konventualin Morgensee übernahm die Koordination. Die eine oder andere Konventualin kam etwas verlegen, beinahe verschämt mit ihren Zutaten in den Keller, um sie begutachten zu lassen. Ohne auch nur mit der Wimper zu zucken, hieß Frau Morgensee sämtliche Vorschläge, auch die

seltsamsten (Salami mit Rosinenbrot), willkommen. Überhaupt schien sie ganz in ihrem Element zu sein, wie sie, am großen Eichentisch sitzend, Speisezusammenstellung und Zubereitungsvorschläge besprach, Kartoffeln nach Größe sortierte (wegen der unterschiedlichen Garzeiten) und auch noch Zeit hatte für Gespräche über alte Rezepte und veraltete Maßeinheiten – wer wusste denn noch, was ein Lot war! Ansonsten herrschte konzentrierte Arbeitsstille. Nur die Geräusche, die beim Hantieren mit den Küchenutensilien und -gerätschaften entstanden, waren zu vernehmen: das Hacken auf einem Holzbrett, das gequälte Sirren des altersschwachen Mixers und schließlich das Brutzeln aus dem Backofen, den jemand geöffnet hatte, um einen darin schmurgelnden Braten mit Fett zu übergießen. Kleinere Pannen (Glasbruch und verschüttete Milch) gab es auch, aber niemand regte sich weiter auf. Sogar Konventualin Kriegers ewige Sticheleien über die «Weiberwirtschaft» und ihr demonstratives Schniefen beim Zwiebelhacken wurden nur mit leichtem Augenrollen kommentiert.
Der erste Gottesdienst um sechzehn Uhr bot eine willkommene Unterbrechung der ungewohnten Arbeit. Nun mussten sich alle in ihre schwarze Tracht mit der weißen Haube werfen, um rechtzeitig beim Krippenspiel zu sein, das Kinder aus der Gemeinde aufführten. Konventualin Morgensee konnte gerade noch ihre Nichte mit deren Kindern Jakob und Tamara begrüßen, die den heutigen Abend hier im Kloster verbringen wollten. Dann brachen alle auf zum Krippenspiel, das ohne größere Versprecher über die Bühne ging. Auch der Weihnachtsbaum blieb stehen, und die Feuerwehr musste nicht einschreiten. Der Pastor wirkte sehr zufrieden.
Während die Erwachsenen anschließend weiter am Buffet

arbeiteten, vergnügten sich Jakob und Tamara in den langen Fluren mit dem «Klosterhund» Felix (er gehörte Konventualin Pauly). Tamara fand, er solle auch festlich geschmückt sein, und bemühte sich, ihm einen Strohstern um den Hals und eine rote Schleife an den Schwanz zu binden. Dem Hund aber dauerte die Prozedur zu lange. Er entwand sich, schüttelte sich kurz und jagte davon, die Treppen hinunter, an deren Fuß er beinahe Konventualin Krieger umstieß, die vor Schreck ihre Schüssel mit Quarkspeise fallen ließ, welche sie eben in die untere Küche hatte tragen wollen. Vor ihrem lautstarken Schimpfen über das «ungehörige Tier» flüchteten Kinder und Hund lärmend in die Kirche. Sofort schoss zwischen zwei Kirchenbänken das hochrote, empörte Gesicht der Küsterin hervor, die eben noch Papierschnipsel aus dem letzten Gottesdienst aufsammelte. Die drei machten auf dem Absatz kehrt und rannten weiter, bis sie schließlich vor der Statue des heiligen Mauritius standen, dem Schutzpatron des Klosters. Ihm band Tamara nun die Schleife um die Füße (höher kam sie nicht), die der Hund verschmäht hatte.
Dann war es plötzlich Zeit für den Achtzehn-Uhr-Gottesdienst. Die letzten Arbeiten mussten die inzwischen eingetroffenen Helferinnen allein erledigen. Unter erschöpftem Geplauder ging es über den langen Gang wieder in die Kirche mit der schönen hohen Kuppel. Konventualin von Freydorf, immerhin schon sechsundachtzig, ächzte, als sie auf ihren Platz niedersank, und schloss – nur für einen Moment – die Augen … bis ihre Nachbarin sie behutsam anstupste. Der Gottesdienst war dann wieder sehr schön feierlich, und sie sangen alle, zwar ein wenig matt, aber doch aus vollem Herzen «O du fröhliche» und was der besinnlichen Weihnachtsweisen mehr war.

Endlich war es so weit! Die Bescherungszeremonie fiel heute denkbar knapp aus und wäre vielleicht ganz ausgefallen, wenn die Kinder nicht gewesen wären. Die Erwachsenen hatten nur noch Hunger und das Bedürfnis, sich zu setzen. Da wurde die Tür zum Kapitelsaal geöffnet. Festlicher Glanz und die verschiedensten Wohlgerüche empfingen die Frauen. Einen Augenblick verharrten alle staunend und andächtig vor ihrem «Werk». Vorsichtig traten sie näher. Dieses reichhaltige und ungewöhnliche Buffet musste sich vor den kalten Platten des Feinkosthändlers weiß Gott nicht verstecken, auch wenn es vielleicht weniger erlesen und kunstfertig aussah. Auf der linken Seite begann es mit Zwieback, Knäckebrot, Pumpernickel und Rosinenbrot. Dann kamen Brotaufstriche und kalte Speisen wie Bierschinken, Zwiebelmett, Krabben- und Fleischsalat. Die hart gekochten, zu einer imposanten Pyramide aufgebauten halben Eier brachte Jakob gleich zum Einsturz, als er eines aus der Mitte herauszog. Als Konventualin Bars das in dicke Scheiben geschnittene Frühstücksfleisch daneben sah, schüttelte sie sich kaum merklich und griff beherzt zu einem der beiden Rollmöpse, den sie zum Wiener Würstchen auf ihren Teller legte. Ach ja, vielleicht noch zwei kleine Gewürzgürkchen. Konventualin Burger, strenge Vegetarierin, entsetzte sich darüber, dass der Käse unmittelbar neben der Wurst lag und mit dieser Berührung hatte. Außerdem ging es ihr wider ihren feinen Geschmackssinn, dass man zu edlem Weinbergkäse und Bavaria blu doch wahrhaftig Harzer Roller und Scheibletten (mit Ananas dekoriert!) gegeben hatte ...

Neben kaltem Fisch – ein wenig Räucherlachs, eine Schillerlocke, je eine Dose Thunfisch und Ölsardinen – gab es einen sehr gesunden Salat aus Kohlrabi, Äpfeln, Möhren und Sellerie. Es folgten die Gemüse, allen voran eine große Schüssel Petersilienkartoffeln und daneben – Pommes frites! Während sich alle fragten, wer unter ihnen noch so einen robusten Magen haben mochte, dass er diese Fettbomben vertrug, verkündete Konventualin von Freydorf unbekümmert: «So was hab ich immer im Gefrierfach für meine Urenkel.»

Sprach's, holte die vergessene Flasche Ketchup hervor und stellte sie daneben, was nicht nur die Kinder begeisterte. Man aß aber auch von dem «echten» Gemüse: dem kaum gedünsteten Porree in Sahnesoße, dem etwas zu lange geschmorten Wirsing mit Schweinebauch, den grasgrünen Tiefkühlerbsen und den Pastinaken. Am begehrtesten war der Rotkohl, wohl weil er besonders gut zu den Gänsekeulen, dem Rollbraten und den Rouladen passte. Nicht einmal Nachtisch fehlte! Da gab es leuchtend rote Grütze mit Vanillesoße aus der Tüte. Und zu den fein säuberlich aufgestapelten Pfannkuchen hatte man verschiedene selbst gemachte Konfitüren zur Auswahl gestellt, Johannis- und Himbeergelee sogar aus dem Klostergarten. Also, wenn hier jemand verhungerte, war er wirklich selbst schuld, schien Konventualin Morgensee, sich zufrieden umblickend, zu denken.

Schließlich saßen alle auf ihren Plätzen und widmeten sich ihren gefüllten Tellern, einerseits hungrig, andererseits immer noch etwas befangen. Das Seltsame an diesem Buffet war, dass es eine ungewohnte und darum irritierende Nähe zwischen ihnen hergestellt hatte. Nicht nur hatten sie zum ersten Mal gemeinsam gekocht. Indem sie aus ihren gewöhnlich vor den Augen der anderen verschlossenen Vorratskammern ihre zum Teil geheimen Lieblingsspeisen hervorgeholt hatten, hatten sie auch etwas von sich preisgege-

ben. Keine großen Geheimnisse, das nicht, aber ein bisschen ertappt fühlten sie sich doch und warteten bang auf eventuelle Kommentare. Die heute aber ausblieben.
In diese hungrige Befangenheit hinein klopfte es. Alle starrten erstaunt zur Tür, denn sie erwarteten niemanden mehr. Die Tür ging auf, und herein trat eine kleine Prozession dreier Herren. Allen voran erschien der Pastor, noch im Talar, gefolgt vom Förster im schwarzen Anzug. Als Letzter betrat der Feuerwehrhauptmann in der blauen Uniform, die er beim Gottesdienst getragen hatte, den Saal. Jeder der Herren trug etwas vor sich her. Mit einem «Fröhliche Weihnachten» grüßten sie in die verblüffte Runde. Jakob wollte wissen, ob das die Heiligen Drei Könige seien, erhielt aber keine Antwort. Als Erstes ergriff der Pastor das Wort: «Liebe Konventualinnen, liebe Gäste, wir haben von Ihrem Malheur erfahren, und da wir alle wünschen, dass Sie die Feiertage gut überstehen, möchten wir etwas zu Ihrem leiblichen Wohl beitragen. Ich bringe Ihnen hier norwegischen Graved Lachs, den ich selbst gebeizt habe, wie ich es in jedem Jahr mache. Hoffentlich schmeckt er Ihnen so gut wie mir selbst!»
Damit stellte er die Fischplatte auf den Tisch. Die silbergrau schimmernde Lachshaut ließ sich unter der dicken grünen Dillschicht nur erahnen. Als der Fisch gewendet worden war, kam seine speckig-rosa, auf das appetitlichste glänzende Seite zum Vorschein. Der Pastor begann, hauchdünne Scheiben abzuschneiden und diese auf die Teller zu verteilen, jeweils mit einem Klecks seiner köstlichen Honig-Senf-Soße versehen. Währenddessen hatte der Förster seinen würzig duftenden, selbst geräucherten Heidschnuckenschinken präsentiert. Nun zog er seinen «Jägerdolch» (so nannte ihn Tamara) aus der Hosentasche, um damit

ebenfalls sehr feine Scheiben abzusäbeln. Blieb noch der Feuerwehrhauptmann mit seinen aufgeregt zwinkernden, lustigen Augen:
«Meine Damen, in der Kirche heute ist alles gut gegangen, da gab es nichts zu löschen. Aber ich dachte, vielleicht kann ich wenigstens helfen, Ihren Durst zu löschen.»
Und mit einem Schwung präsentierte er eine Magnumflasche Sekt, um sie sogleich zu entkorken.
Als Konventualin Morgensee später im Bett lag, dachte sie, dass von diesem Augenblick an die Party so richtig in Schwung gekommen war. Denn der Abend hatte etwas von einer Party gehabt. Wann waren sie in diesem Kreis je so laut und vergnügt gewesen, so satt und beschwingt – was bestimmt nicht nur an dem ungewohnten Sekt gelegen hatte. Beim Einschlafen dachte sie noch: Erklären könnt' ich's nicht, aber ich glaube, ich versteh jetzt, was damit gemeint ist: Wenn wir alle Krümel verputzen, kriegen wir die Vögel schon satt!

Andrea Gerecke

Der kleine Graue Mönch

Berlin zwischen Raum und Zeit

Mit einem lauten Poltern stürzte der kleine Graue Mönch der Länge nach hin. Während des Falls war ihm sein leinenes Gewand hochgerutscht, und er hatte sich beide Knie aufgeschrammt. «Ohgottohgottohgott, wo bin ich denn hier gelandet», stöhnte der rundliche Mann, spuckte in die Hände und rieb sie kurz über die Verletzungen. Dann schob er die Rockschöße wieder sittsam über die strammen Beine hinunter. Da hockte er nun verdutzt und sah auf einen riesigen Becher mit Stiften, den er bei seinem Abgang umgeworfen hatte. Jetzt lag der Inhalt verstreut zwischen Papieren und vor zwei enormen Armen, die verschränkt einem dunkelhaarigen Kopf Unterlage boten.

Mit einem Mal hörte der kleine Graue Mönch auch ein heftiges Atmen und sah, wie eines der Blätter sich in diesem Wind leicht bewegte. Neugierig geworden, erhob er sich und lief zu dem Papier. «Gelobt sei der Herr! Ein Glück, es sind griechische Buchstaben, altgriechische, um es genauer zu sagen», entrang sich ihm ein Stoßseufzer. «Dann ist das hier bestimmt ein Gelehrter, der so wie ich Grabinschriften entziffert», murmelte er mit heiterem Lächeln vor sich hin. Schließlich wollte er die Ruhe des Schläfers nicht stören. Aber warum um alles in der Welt ist das hier alles so gigantisch?, dachte er bei sich. Und warum bin ich denn nur so klitzeklein?, grübelte er weiter und suchte sich einen Platz zum Nachdenken. Die Stehlampe hatte einen breiten, runden Sockel, der infrage zu kommen schien. Mit einem hurtigen Satz hüpfte das Mönchlein hinauf und setzte sich bequem zurecht. Was war denn nun eigentlich geschehen?

Das Jahr 1574 war voller Ereignisse im Leben der Franziskaner. Im Kloster herrschte in diesem Sommer reges Treiben, und ein besonderer Höhepunkt warf seine Schatten voraus. Während eine unerbittliche Sonne die Stadt Berlin in diesem Juli ermatten ließ, lag eine angenehme Kühle innerhalb der Mauern des Gotteshauses. Dennoch wischte sich der kleine Graue Mönch mit dem rechten Handrücken den Schweiß von der Stirn. Es war noch so unheimlich viel zu tun, bevor der festliche Akt stattfinden konnte. Der fromme Mann schaute sich vorsichtig in alle Richtungen um und setzte sich dann in eine Nische. Erst einmal zu Atem kommen, dachte er bei sich, und dem heiligen Franz von Assisi danken. Er schloss die Augen und murmelte Gebete vor sich hin.

Plötzlich hallten Schritte durch den Wandelgang heran. Der kleine Graue Mönch erhob sich rasch und richtete seine Kutte. «Ah, Bruder Innozenz», verneigte er sich leicht, «wie weit seid Ihr mit den Vorbereitungen?» – «Gemach, gemach», entgegnete der hagere Mann, «es liegt alles in Gottes Händen, und der heilige Franz von Assisi wird unsere Wege begleiten. Aber ich muss weiter, in den Studierräumen nach dem Rechten sehen. Und du, lieber Bruder, solltest doch eigentlich in der Küche Speis und Trank bereiten.» Der leichte Tadel blieb im Gang und im Gewissen des kleinen Mönchs hängen, während sich Bruder Innozenz mit weit ausholenden Schritten entfernte. «Die Küche, ogottogottogott, fast hätte ich mich verzettelt. Das Essen muss angerichtet werden, damit es pünkt-

lich zum Schlag der Glocken auf den Tischen steht.» Und so eilte auch der kleine Mönch davon.
Zwei Helfer standen dem kleinen Grauen Mönch in der Küche zur Seite. Sie gehörten zu den Ärmsten der Armen, von denen Unzählige in der Stadt dahinvegetierten. Und um eines Essens willen taten sie jede Arbeit, die man von ihnen verlangte. Manchmal durften sie sich auch nachts in ihren Lumpen in einer Ecke des Klosters ein Schlaflager richten. Der kleine Mönch war dankbar für die Hilfe, denn allein wären die vielen Vorbereitungen für das Mahl all der Hungrigen gar nicht zu schaffen. So trat also der rundliche Mann in seiner Kutte in den verräucherten Küchenraum und gab seine Anweisungen. Flink und tatkräftig packte er zu, mit einem Eifer und einem Einsatz, die man ihm aufgrund seiner Körperfülle gar nicht zugetraut hätte. Er schnitt hier, rührte da und verkostete dort. Und mit dem Schlag der Glocken stand alles dampfend auf den Tischen vor den hungrigen Mäulern der Klosterbrüder und der Armen, die zu Gast waren.
Nachdem sämtliche Schüsseln und Teller geleert waren, erhoben sich alle rasch und gingen wieder an ihre Aufgaben. Auch der kleine Mönch wies noch schnell die beiden Armen an, alles aufzuräumen und zu säubern. Er selbst wollte doch lieber nach den Lehrräumen sehen. Endlich, jubelte der Gottesmann innerlich, endlich können wir Seelsorge, Predigt und Schule miteinander vereinen. Wir werden Wissen verbreiten, was gibt es Segnungsvolleres … Und er schickte ein inbrünstiges Dankgebet an den heiligen Franz von Assisi, der einst die Bruderschaft ins Leben gerufen hatte.
Die Gründungsfeier des städtischen Gymnasiums zum Grauen Kloster wurde ein voller Erfolg. Alles, was Rang und

Namen in der Stadt hatte, erschien zu dem Festakt in den allerfeinsten Roben. Der kleine Graue Mönch stand in seiner für diesen besonderen Anlass frisch gesäuberten Kutte ganz hinten in einer Ecke des Klosters. Er sah zwar nur die grauen Gewänder seiner Brüder, die Kapuzen, die über die Schultern hingen und die Schädel mit den kahlen Stellen. Aber er lauschte andächtig den salbungsvollen Reden und lächelte glücklich vor sich hin, denn er gehörte zur Gemeinschaft. Und diese Gemeinschaft hatte jetzt etwas Wunderbares geschaffen. Eine Schule für die höhere Bildung.

Das Lachen der jungen Leute erhellte nun seit Wochen das Gotteshaus. In den Pausen standen sie in den Gängen und diskutierten oder zogen sich mit dicken Büchern in einsame Stuben zurück, um fern der Welt zu studieren. Dem kleinen Grauen Mönch hüpfte das Herz vor Freude und Begeisterung. Die Hitze des Sommers war vom Herbst vertrieben worden, und den wiederum hatte inzwischen der Winter verjagt. Eine eisige Kälte lag in den Klostermauern. Frostblüten glitzerten an den Wänden. Nur in den Räumen, wo in Kaminen zuweilen Feuer entzündet wurden, konnte man sich zwischendurch ein wenig aufwärmen.
Und auch der kleine Graue Mönch klagte nicht, denn in seiner Küche brutzelte stets irgendeine Leckerei auf dem Herd, der den ganzen Raum aufheizte. Jetzt standen die Weihnachtsvorbereitungen vor der Tür. Der kleine Gottesmann wusste nicht, wo ihm der Kopf stand. Er hatte sich noch zwei weitere Helfer zu seinen beiden Armen geholt, damit er den besonderen Auftrag auch bewältigen konnte. Zumal jetzt allmittäglich zusätzlich die jungen Leute zu beköstigen waren.

Zum Fest selbst erwarteten alle von dem kleinen runden Koch eine besondere Überraschung. Das war man einfach von ihm gewohnt. Jedes Jahr eine neue köstliche Idee. Diesmal aber schien es dem Mönchlein besonders schwer zu fallen. Abends fiel er todmüde auf sein Lager, fand aber nur schlecht Schlaf. Und schließlich erschien ihm ein sehr eigenartiger Traum von einer merkwürdigen, gefrosteten Stolle. Er wurde noch vor dem Morgengrauen davon munter, dass ihm das Wasser im Munde zusammenlief und er sich die Lippen leckte: «Ach, heiliger Franz von Assisi, lass mich dieses Zauberіcht probieren. Koste es, was es wolle.» Gleichzeitig biss er sich auf die Lippen, denn so eine unverfrorene Bitte wollte er doch gar nicht äußern. Das war das Letzte, woran sich der kleine Graue Mönch erinnern konnte. Und nun saß er hier auf diesem Lampenfuß und starrte auf eine dunkelgrüne Gardine, durch die merkwürdiges Licht von außen drang. Er rutschte ein wenig hin und her …

Ob mir der Gelehrte hier vielleicht weiterhelfen kann?, grübelte der kleine Mönch. Aber allmählich kamen ihm Zweifel, ob es sich wirklich um einen Gelehrten handeln konnte. Die fingerspannenlange Gestalt umlief die verschränkten Arme und musterte den Schläfer. Nein, das war doch nicht etwa … Der fromme Mann wollte den Gedanken verdrängen, aber er wurde Wirklichkeit.
Plötzlich begann dem Gläubigen die knollige Nase zu jucken. Erst hielt er sie mit Finger und Daumen zu, dann wackelte er daran, aber der Nieser kannte kein Halten und kam mit einem großen «Hatschiiii» heraus. Der große Kopf erhob sich schwerfällig von den Armen und zeigte ein weich geschnittenes Gesicht. Die riesigen Hände legten sich über

die Augen und rieben sie. Mit offenem Mund stand der kleine Mönch staunend neben der Schreibtischlampe. «O Mann, jetzt bin ich auch noch eingenickt», entrang es sich der jungen Dame, als welche der Mönch sie nun einordnete, wenngleich ihm ihre Kleidung sehr unzulässig vorkam, bestand sie doch aus Hose und Bluse. «Ich werde wohl nie mit der Griechischlektion fertig.» Und ihr Blick schweifte über den Tisch auf das winzige Menschlein. «Blödsinn», sie kniff sich in den Arm, «aua, also doch. Ich dachte, ich träume. Wer bist denn du?»
Und der kleine Graue Mönch hub an und erzählte seine Geschichte. Das große Mädchen schüttelte nur ungläubig den Kopf, aber es wusste Rat und schlug einen Tausch vor. «Ich habe ein klasse Rezept von meinem Vater. Das ist wirklich lecker. Ich werde es dir verraten, wenn du mir bei den Griechischaufgaben hilfst.»
«Kein Problem», sagte der kleine Mönch und hüpfte vor Freude und hielt sich seinen kugeligen Bauch. «Ich habe vorhin schon einen Blick auf deine Papiere geworfen. Das sind doch Grabinschriften. Die studiere ich auch gerade. Es sind wundervolle Sprüche.» Und ehe sich's das Mädchen versah, hockte der Kleine über den Zeilen und übersetzte. «Halt, nicht so schnell, ich komme gar nicht mit», bremste die junge Dame und schrieb hastig die Texte.
«Weißt du übrigens, dass ich genau in diese Schule gehe, bei deren Gründungsfeier du vor kurzem warst?», fragte das Mädchen im Anschluss an die Übersetzung. «Dein Graues Kloster wird eine jahrhundertelange Tradition bekommen. Berühmtheiten wie Johann Gottfried Schadow, Karl Friedrich Schinkel und Otto von Bismarck werden zu den Schülern zählen. Turnvater Friedrich Ludwig Jahn und Friedrich Schleiermacher werden zu den Lehrern gehören. Doku-

mentarfilmer, Schauspieler, Politiker, Schriftsteller, Olympiasieger werden die gediegene Ausbildung genießen ...» – «Was sind denn Dokumentarfilmer?», fragte der kleine Graue Mönch erstaunt. – «Ich glaube, das kann ich dir nur sehr, sehr schlecht erklären. Aber eines ist gewiss. Du hast mit deinem Kloster wundervolle Arbeit geleistet», entgegnete das Mädchen. Und voller Stolz schwoll die Brust des kleinen Mönchleins an.

«Ich gebe dir schon einmal das Rezept mit, denn du musst dir bestimmt die Sachen erst besorgen oder etwas Ähnliches finden, wenn du die Zutaten nicht hast», erklärte das Mädchen und zog ein Büchlein aus dem Regal über dem Schreibtisch. «Warte, irgendwo hier muss das Rezept sein ... Ach, da ist es», sagte die junge Dame und zog es heraus. «Willst du es dir rasch abschreiben?»

«Aber nein, wenn ich einen Text lese, dann habe ich ihn in kürzester Zeit auswendig gelernt.»

«Hast du ein Glück, ich brauche ziemlich lange dafür. Also hör zu:»

Geeiste Weihnachtsstolle

10 Eier
200 g Staub- oder Puderzucker
100 g süße, gehackte Mandeln
100 g Rosinen
100 g Zitronat (oder Orangeat), fein gehackt
2 Päckchen Vanillezucker
50 g Rum oder Weinbrand
Bittermandelaroma
geriebene Zitronenschale und Orangenschale
eine Prise Muskatnuss

1/2 l Schlagsahne
Saft einer halben Zitrone und einer halben Orange

Eiweiß in eine Schüssel geben und kalt stellen. Eigelb und Staubzucker in einer Schüssel mit dem Schneebesen im heißen Wasserbad bei kleiner Flamme zu einer Creme aufschlagen. Wenn eine dickliche Masse entstanden ist, aus dem Wasserbad herausnehmen und noch eine Weile ohne Hitzezufuhr weiter schlagen. Nach und nach alle vorbereiteten Zutaten unter die Masse ziehen. Eiweiß und Schlagsahne getrennt steif schlagen und zuletzt vorsichtig unter die fertige Masse heben. Nach Geschmack Rum oder Weinbrand dazugeben. Leckerer wird es noch mit weiteren 100 Gramm Zucker und 50 Gramm Butter, die man in einer Pfanne karamellisieren lässt. Mit etwa 100 Milliliter Milch auffüllen und so lange rühren, bis eine bräunliche Färbung entstanden ist. Unter die Masse ziehen. Jetzt in eine mit Pergamentpapier ausgelegte Rehrücken- oder Königskuchenform geben und ab in den Kühlschrank. Etwa drei Tage durchfrieren lassen. Dann stürzen, in Scheiben schneiden und mit etwas feinem Weihnachtsgebäck oder Konfekt verzieren. So wird der Eistraum im Kreise aller Lieben ein voller Erfolg auf der weihnachtlichen Kaffeetafel.

Verzückt hielt der kleine Graue Mönch die Augen geschlossen und zwirbelte gedankenverloren an der dicken Kordel, die seine Kutte umgürtetete: «Oh, ich kann jetzt jeden Buchstaben dieses göttlichen Rezeptes auswendig. Also bis bald, und habe vorerst Dank. Ich komme zum Kosten wieder, wenn du einen solchen Kuchen bereitet hast.»

Das Mädchen hatte wie versprochen die Geeiste Stolle zum Weihnachtsfest bereitet. Schon eine Woche zuvor, damit auch der kleine Graue Mönch die Herstellung noch schaffen konnte. Als die drei Tage zum Gefrieren vergangen waren, erwartete nun das Mädchen erneut um Mitternacht Besuch. Es setzte sich wieder an seinen Schreibtisch und schlug das Griechischbuch auf. «Mach nicht mehr so lange, es ist schon spät», rief die Mutter noch an der Zimmertür. «Ich gehe jetzt ins Bett. Schlaf schön.» – «Danke, du auch, Mutti», entgegnete sie und fasste sich in Geduld, um darüber dennoch wieder schlummernd mit dem Kopf auf die Arme zu sinken.

Ein Geräusch fiel in die Stille, und damit purzelte der kleine Graue Mönch auf den Schreibtisch. «Ogottogottogott, jetzt habe ich mir schon wieder die Knie aufgeschrammt. Ich werde es wohl nie lernen», klagte er. Das Mädchen schreckte hoch und blickte lächelnd auf den Winzling. «Komm, ich nehme dich mit in die Küche. Die Stolle steht im Tiefkühlfach.» Gesagt, getan. Sie setzte den Mann vorsichtig auf ihre linke Hand und bog die Finger schützend um ihn. Dann lief sie in die schräg gegenüber gelegene Küche. «Wir müssen nur still sein, damit keiner etwas merkt», flüsterte sie leise. Sie stellte den Zwerg auf den Küchentisch und holte die Stolle aus dem Eisfach. Mit einem Mokkalöffelchen kratzte sie eine Spur von der geeisten Stolle ab und hielt den Bissen dem Mönch hin. «Hmmmm, riecht schon einmal außerordentlich lecker», frohlockte der Kleine und ließ sich die Stolle auf der Zunge zergehen.

«Himmlisch schmeckt sie, einfach himmlisch», sagte er verschmitzt und leckte sich die Lippen. «Ich habe auch einen großen Sack von Bruder Innozenz mitgebracht für die

Zutaten, die ich nicht auftreiben konnte. Hier ist der Zettel. Hoffentlich hast du noch alles vorrätig. Und gefrieren kann alles im Freien, es ist bitterkalt daheim.» Nun kicherte das Mädchen doch und wandte sich zur Speisekammer, um alle fehlenden Zutaten in das kleine Beutelchen zu stopfen. «Wird es auch nicht zu schwer für dich?», fragte die junge Dame besorgt. – «Kein Problem, diese Reise währt ausgesprochen kurz, nur einen Augenaufschlag lang. Aber jetzt muss ich mich wohl sputen. Meine Küche wartet. Lebe wohl. Frohe und gesegnete Weihnacht!» Und der kleine Graue Mönch verschwand zwischen Zeit und Raum.

Angelika Pantack

Apostel Paulus

Franziskaner-Kloster Rheda-Wiedenbrück

Raus. Ich muss unbedingt raus aus dem ganzen Trubel rund ums Fest. Die Vorbereitungen werfen mich jedes Jahr mehr aus der Bahn. Schon im September dudelt mir die Stille Nacht aus fast jedem Geschäft entgegen. Im Oktober kann ich mich nicht mehr zurückhalten und muss einfach die herrlich duftenden, weichen, leckeren Lebkuchen in meinen Einkaufswagen legen. Von Marzipanbrot bis Nougatstangen lässt die in Augenhöhe platzierte Verlockung meine Magensäfte rotieren. Ab September beginnt also mein Winterspeck mit seinem Wachstum.

Von den Geschenken gar nicht zu reden. Viele kleine Wunschzettel mit großen Wünschen trage ich ständig mit mir herum, damit ich dann, wenn ich ein Schnäppchen sehe, gleich zuschlagen kann. Seltsamerweise gibt es vor Weihnachten keine Schnäppchen im Barbie-Regal, und heruntergesetzte Matchbox-Autos sind ebenfalls nirgendwo zu finden. Die Preise bleiben stabil. Wenigstens da bleibt alles stabil. Ich fühle mich eher instabil, geschafft, ausgelaugt, fix und fertig. Und am Heiligen Abend werde ich erschöpft neben der guten Nordmanntanne sitzen und mir die langen Gesichter ansehen, weil die Barbie doch wieder die falsche Ausgabe ist und das Matchbox- Auto doch wenigstens eine Fernsteuerung hätte haben sollen.

Vom Spagat zwischen den Großmüttern ganz zu schweigen. Agathe, inzwischen 87-jährig, nörgelt alljährlich an ihrer Biovital-Geschenkpackung herum, obwohl diese immer

wieder erneut auf ihrem Wunschzettel steht. Und Luise? Sie will nichts zu Weihnachten, tut sie seit Juli eines jeden Jahres recht resolut kund. Natürlich bekommt sie nicht nichts. Im vergangenen Jahr war es ein Seidentuch, passend zu ihrer neuen Jacke. «Es hätte moderner sein können», klagte sie und legte es zur Seite.
Selbstverständlich habe ich versucht, meine Aufgabe des Geschenkekaufens abzugeben, die Erfüllung all der seltenen Wünsche zu delegieren. Das Plätzchenbacken vielleicht mal aufzuteilen, da ja alle anderen auch genug Zeit hatten. Aber es wollte einfach nicht klappen.
Bernhard konnte keines dieser Dinge übernehmen. Er war geschäftlich so eingespannt, dass er abends nur noch die Füße hochlegen wollte, sich hinter seiner Zeitung versteckte und anschließend vor dem Fernseher einschlief.
Thomas redete sich damit heraus, dass er für solchen Weiberkram ja schließlich Schwestern hätte, die gefälligst die Plätzchendosen füllen sollten. Und die Schwestern? Birgit und Anne hatten keine Zeit. Nach der Schule ganz dringend Hausaufgaben erledigen. Wenn ich nicht zufällig leise ihre Zimmertüren öffnete und sah, dass sie auf ihren Betten lagen und Musik hörten, konnten sie sehr überzeugend ihre Argumente mit Schulstress, Motivationspause und anderen wunderbaren Ausreden belegen. Und wenn eine Mutter möchte, dass ihre Kinder gut in der Schule sind, dann gönnt sie ihnen diese klitzekleinen Pause-Minuten, verteidigten sie sich.
Somit war auch in diesem Jahr wieder klar, wer alles regeln würde. Aber ich würde ihnen diesmal «was pfeifen». Ich verhielt mich wie immer und begann sogar damit, die Zutaten für die Plätzchen einzukaufen.
Meine Einkäufe führten mich in diesem Jahr allerdings

nicht an sämtlichen Regalen vorbei, sondern ich verbrachte meine Zeit damit, Informationen zu sammeln. Informationen über das Wohlbefinden im eigenen Körper, Broschüren über Seminare in Wellness-Hotels, und sogar ein Wochenende der Selbstfindung in einem Kloster wurde auf einem Flyer angeboten. Ich nahm ihn mit.

Meine Gedanken kreisten immer mehr um meine kleine Flucht vor dem Stress der Weihnachtszeit. War der Sinn des Fests nicht ohnehin ein anderer? Hatte es nicht mit Besinnlichkeit und Ruhe zu tun? War nicht eher der liebevolle Gedanke und die Kleinigkeit als Geschenk die besagte Botschaft der Freude? Und hatte man sich die Freude nicht anders vorzustellen denn als ein Wahnsinnsschrei der Begeisterung, wenn der CD-Player endlich der richtige war?

Ich nahm mir die Zeit, mich ausreichend um das Fest zu kümmern. So zu kümmern, wie es gemeint war. Mit Ruhe, mit Andacht, mit Besinnlichkeit, mit Freude über die Geburt des Christuskindes.

Ich buchte ein Wochenende «Auf dem Weg zu dir selbst» in einem Franziskaner-Kloster in Rheda-Wiedenbrück. Meiner Familie teilte ich am Freitag vor dem dritten Advent beim Frühstück mit, dass die Gefriertruhe voll sei, dass der Milchvorrat eingekauft sei und dass ich übers Wochenende nicht da wäre. Sie sollten sich keine Sorgen machen, ich würde am Sonntagabend wieder auftauchen. Und weg war ich. Die verdutzten Gesichter regten sich nicht. Kein Wutausbruch, keine Verzweiflungsschreie, nur fragende Blicke. Sie sagten aber Gott sei Dank nicht: «Jetzt ist sie verrückt geworden», sondern dachten es nur.

Ich war mit dem Auto entlang der A 2 durch das Ruhrgebiet gefahren, genoss nun die grüne Wegstrecke, die auf den

Teutoburger Wald zuführte. Nach der kurzen Strecke von der Autobahnabfahrt bis zum Kloster parkte ich das Auto auf dem großen Parkplatz unterhalb des Gebäudes und ging zu Fuß die letzten Meter durch eine parkähnliche Anlage auf das große imposante Gebäude zu. Es sah aus wie eine Landschule aus dem vorigen Jahrhundert, verhieß aber gleichzeitig Gemütlichkeit und Wohlbehagen.

Ich war noch nicht ganz am Portal mit dem großen Türklopfer auf dem alten Holz angekommen, als schon von innen geöffnet wurde. «Herzlich willkommen», lächelte mir ein breiter Mund entgegen. Bevor ich etwas erwidern konnte, nahm mir der freundliche Mensch schon meine Tasche ab. «Sie sind sicher Annemarie Sanders, stimmt's?», fragte er immer noch lächelnd. – «Ja», antwortete ich erstaunt, «woher wissen Sie das?» – «Wir sind nicht von gestern», strahlte er mich unverwandt an, «und wir freuen uns auf jeden Gast in unseren Mauern.»

So viel Aufmerksamkeit war mir neu. Ich fühlte mich fast ein wenig geschmeichelt; überlegte, wann mir zum letzten Mal jemand die Tür aufgehalten hatte, wann mich zum letzten Mal jemand so fröhlich begrüßt hatte.

Ich folgte ihm in die zweite Etage. Er ging zielstrebig in das vorletzte Zimmer auf der rechten Flurseite, öffnete die Tür, ließ mich eintreten und zeigte mir den schlichten Raum, den er mit seinen Worten in einen gemütlichen Salon verwandelte. Eigentlich war alles da, was ich brauchte. Ein Bett, ein Waschbecken, ein Fenster, ein Regal. Sogar ein kleiner Spiegel hing an der Wand, und auf dem Tischchen stand ein kleiner Weihnachtsstern. Was braucht man eigentlich auch mehr, dachte ich. Er stellte meine Taschen ab, überließ mich meinen Gedanken mit den Worten: «Ruhen Sie sich erst ein wenig aus. Um 15 Uhr treffen wir uns in der ersten Etage. Ich werde auf Sie warten.»

Ich legte mich auf das Bett, schloss die Augen und gab mich meinen Gedanken hin. Gedanken, die an diesem Ort ganz anderer Natur waren als zu Hause oder im Weihnachtsstrudel der Geschäftemacherei. Ich fühlte mich in diesem spartanischen Zimmer seltsamerweise sehr wohl. Das kleine Holzkreuz zeichnete seine Konturen auf die Wand. Die Mittagssonne streckte sich bis vor mein Bett. Wie wohl es tat, einfach hier zu liegen, zu erwarten, was die nächsten Tage bringen würden, so ganz ohne Telefon, ohne Termindruck, ohne Verpflichtungen.

Voll freudiger Erwartung lief ich dann um 15 Uhr die Stufen zur ersten Etage hinunter. Er wartete tatsächlich, und mit ihm noch elf weitere Damen unterschiedlichen Alters, die anscheinend – ebenso wie ich – dem üblichen Weihnachtsstress entfliehen wollten. Er führte uns in einen großen, gemütlichen Raum, dessen Fenster bunt verglast waren und herrlich warme Farben an die Wände warfen. Auf dem Boden lagen in Kreisform dicke Matten mit wunderbar flauschigen Decken. Jede von uns setzte sich auf eine Matte; er nahm in der Mitte Platz. Er stellte sich als Pater Paul vor und begann mit einer kleinen Einführung zum Kloster, welches vor mehr als tausend Jahren gegründet worden war. Die politischen Widrigkeiten in der Zeit der Französischen Revolution hatten den Klosterbrüdern große Sorgen bereitet, da ein Beschluss den Auszug der Brüder forderte. Doch nicht die Säkularisation habe den Franziskanern das Kloster genommen, sondern der Kulturkampf zu Bismarcks Zeiten habe bewirkt, dass die Brüder das Kloster verlassen mussten. Heute, so sagte Pater Paul, wird das Bestreben Bismarcks fast auf dramatische Weise noch

Wirklichkeit, da uns der Nachwuchs fehlt. Wir sind alle so ziemlich im Rentenalter, witzelte er.
Wir hingen an seinen Lippen und hätten noch länger zuhören können, doch er lud uns zu einer Meditation unter seiner Führung ein. Wir entspannten Körper und Geist, öffneten uns anderen Grund-Ideen und konnten mit einer gewissen Leichtigkeit dem Tagesablauf folgen, der so total anders ablief als zu Hause. Wir hatten Zeit zum Spazierengehen, Zeit für Tischgespräche nach den Mahlzeiten, Zeit für uns selbst, wenn wir uns zurückziehen wollten.
Das Haus beherbergte an diesem Wochenende fast 100 Jugendliche und 20 Erwachsene, deren seelsorgerische Betreuung den Franziskanern ein besonderes Anliegen war. Mit Fröhlichkeit und Optimismus schienen sie den Alltag mit Kursen, Gesprächsrunden, Beschäftigungstherapie und psychologischer Betreuung locker anzugehen. Auch Pater Paul war mit Freude in sein Tagewerk eingebunden.
Am schönsten war für mich die gemeinsame Zubereitung der Mahlzeiten. Unter Pater Pauls Anleitung lernten wir, aus wenigen Zutaten schmackhafte Gerichte zu zaubern. Ich freute mich schon darauf, zu Hause einiges davon umsetzen zu können.
Ganz besonders lustig war der Morgen des dritten Adventssonntags, als wir unseren Kuchen für den Nachmittag backten. Pater Paul verteilte die Rezepte, und jede von uns sollte aus den angegebenen Zutaten einen ***Apostelkuchen*** backen. Anfangs schien es ganz einfach, aus den Zutaten einen Hefeteig zuzubereiten:

«*1 Päckchen frische Hefe* in *4 EL warmer Milch auflösen, 1 EL Zucker* hinzugeben und mit *500 g Mehl* mischen. Den Teig ca. 30 Minuten ‹gehen› lassen. Danach *30 g Butter,*

2 Eier, 1 Töpfchen saure Sahne, 1 Prise Salz, 100 g Zucker und *1 Tüte Rosinen* hinzufügen und so lange kneten, bis der Teig nicht mehr an den Fingern kleben bleibt. Und mindestens 1 Stunde ‹gehen› lassen.»

In der ersten halben Stunde «Gehen»-Lassen hatten wir unser Frühstück vorbereitet; in der zweiten Stunde «Gehen»-Lassen haben wir gemütlich und unter viel Gelächter gefrühstückt. Pater Paul lachte herzhaft über unsere Berichte vom Plätzchenbacken-Stress zu Hause. Das würde ja jetzt ein Ende haben, meinte er, denn mit unserem Apostelkuchen würde eine neue Weihnachtszeit eingeläutet werden.
Nach dem Frühstück begaben wir uns wieder an unseren Hefeteig. Das Rezept forderte:

«Nehmen Sie von dem Teig ein faustgroßes Stück ab. Den Rest formen Sie zu einem runden Laib und drücken in die Mitte eine Vertiefung ein. Diese bestreichen Sie mit dem verquirlten Ei. Aus dem zurückbehaltenen Stück Teig formen Sie eine Kugel und setzen diese in die Vertiefung des Laibes. Nun den ganzen Kuchen mit verquirltem Ei bestreichen und im unteren Teil (nicht in der Kugel) schräge Schnitte anbringen. Danach nochmals ca. 30 Minuten ‹gehen› lassen und anschließend im vorgeheizten Backofen bei 200 Grad auf der mittleren Schiene 30 Minuten backen.»

Unter mädchenhaftem Gekicher schoben wir die 12 Apostelkuchen in den riesigen Backofen der Klosterküche und knipsten Pater Paul ein Auge zu. Ich denke, er wusste Bescheid, denn jeder der Kuchen sah zwar etwas anders

aus, aber alle schienen Pater Pauls Kopfbedeckung zu kopieren, unter der seine borstigen Haare hervorlugten.
Unsere unausgesprochene Frage, warum jede von uns einen Kuchen backen sollte, klärte sich am Nachmittag auf. Es war Tradition, dass die Dorfbewohner an den Sonntagen vor Weihnachten nachmittags zum Adventssingen in die Klosterkapelle eingeladen waren und anschließend in der Klosterküche zum kostenlosen Kaffeeklatsch gemütlich beisammensitzen konnten. Es war eine wunderbar gemütliche Atmosphäre mit wunderbaren Menschen, die sich Apostelkuchen und Kaffee schmecken ließen.
Zur Unterhaltung stellten drei Franziskaner-Pater ihre Geschicklichkeit unter Beweis und führten mit ihren handgefertigten Marionetten die Weihnachtsgeschichte auf.

Als ich an diesem Abend nach Hause kam, habe ich in meinem Kalender für das kommende Jahr gleich schon einen Kloster-Termin eingetragen. Meine Familie staunte nicht schlecht, als sich weder die Plätzchendosen füllten noch die großen Geschenke unterm Weihnachtsbaum lagen. Es gab zum heiligen Fest Apostelkuchen, und ich musste schmunzeln, als ich ihn anschnitt.

Margit Begiebing

Der Klosterbeck

Augustiner-Kloster Langenzenn

Sogar das Mauerwerk atmete die Kälte. Der Mönch, der neben einem Kohlebecken stand und sich die Hände rieb, tat so, als habe er das zögerliche Klopfen an der Klosterpforte nicht gehört. Erst als es abermals klopfte, lauter und dringlicher diesmal, schlurfte er missmutig zu der schweren, eisenbeschlagenen Tür des Augustiner-Chorherrenstiftes und öffnete. Vor ihm stand ein Fremder.

Der Klosterbruder blitzte ihn fragend an, woraufhin der Mann mit demütig gesenktem Kopf um Einlass bat. Ein Schwall bitterer Winterkälte kam zusammen mit dem Besucher herein, und ein schneidender Windstoß fauchte über den mit Steinfliesen belegten Vorplatz, der in den Kreuzgang mündete.

Der Wanderer hatte seinen schafwollenen Umhang eng um den keineswegs schlanken Körper gezogen. Nun strich er die Kapuze zurück, die ihm tief in die Stirn gerutscht war, und fuhr sich mit den Fingern durch die dunkelbraunen Locken, während er ergeben auf ein Wort seines Gegenübers wartete. Unwillkürlich dachte er daran, wie schön, wie tröstlich es sein musste, aus Frost und Dunkelheit in die Geborgenheit des Klosters treten zu dürfen! Nicht nur die Dezemberkälte wollte er hinter sich lassen, nein, auch den Sinn seines Lebens wollte er in der brüderlichen Gemeinschaft des Klosters finden.

Sein Entschluss war gefasst, er wollte Mönch werden!

Welche Gründe dafür mag er wohl gehabt haben? Wer kann

heute noch erahnen, ob nur die Armut oder vielleicht sogar die enttäuschte Liebe zu einer hübschen Jungfer der Grund dafür war? Wir werden es nicht mehr erfahren. Fest steht nur, dass sich Leonhard Hirll aus Hausen bei Greding an einem eisigen Wintertag auf den Weg nach Langenzenn gemacht hatte, um sich dem «Closter zu eygen und zu eim ewigen Knecht» zu geben. Er legte das Gelöbnis auf den heiligen Augustinus ab und verpflichtete sich zum Gehorsam gegenüber den Vorstehern der Klostergemeinschaft.

So schrieb es der Dekan und Chorherr Friedrich von Onolzbach auf einem Professzettel «am nehsten Dinstag vor sand Fabian und Sebastian», also am 17. Februar 1424, nieder. Danach las der Schreiber den Text dreimal laut vor. Leonhard Hirll hörte aufmerksam zu und nickte zwischendurch jedes Mal, bevor der Chorherr von neuem die Stimme hob, um den Inhalt der Urkunde zu wiederholen. Schließlich legte sich Stille über das Refektorium. Gespannt blickten die Chorherren auf den Neuen, der um Aufnahme in ihre Gemeinschaft bat.

Auf ein Zeichen des Propstes hin reichte ihm der Dekan die in rote Tinte getauchte Feder. Da Leonhard Hirll weder lesen noch schreiben konnte, unterzeichnete er, indem er «zu enden dieser zedel mein czaychen, ein preczen, gezeichnet und geschriben» hat.

Damit war aus Leonhard Hirll der Laienbruder Frater Anselm geworden, der Klosterbeck. Den Zettel hatte er mit seinem Handwerkszeichen, einer Brezel, signiert.

Dass es die Chorherren gern sahen, einen guten Bäcker in ihrem Kloster zu haben, lässt sich denken, und dass der neue Bruder ein guter Bäcker war, davon berichtet die Geschichte mit Albrecht Achilles, dem Markgrafen von Brandenburg-Ansbach. Den führte die Falkenjagd immer wieder nach

Langenzenn, und er ließ es sich nicht nehmen, im Kloster einzukehren und sich dort bewirten zu lassen. Die Spulln des Klosterbeck hatten es ihm besonders angetan, Brötchen, deren Teig nicht mit Wasser, sondern mit einem Hopfenabsud angesetzt wurde. Das gab dem Gebäck einen besonderen feinherben Geschmack, den der Markgraf liebte. Ihren Namen hatten die Spulln von den Garnspulen der Weber. Die geschickten Hände des Klosterbeck formten sie länglich mit sieben schrägen Einschnitten.
Eines Tages bestellte der Markgraf sein Lieblingsgebäck zusammen mit allen möglichen anderen Naschereien im Langenzenner Kloster. Lachend erzählte er dem Klosterbeck von dem Schabernack, den er vorhatte. Den Nürnbergern wollte er einen Streich spielen und ihnen die Pillenreuther Fischweiher vor der Nase abfischen. Großspurig bestellte er beim Klosterbeck die frischen Backwaren für den Fisch-Schmaus. Aber es kam anders. Die Nürnberger bekamen Wind von der Sache und schickten Soldaten zur Bewachung ihrer Weiher. Albrecht Achilles musste unverrichteter Dinge abziehen. Nichts war's mit frisch gebratenen Fischen, darum freute er sich doppelt auf das frisch gebackene Brot. Doch als er den ersten herzhaften Bissen tat, verdüsterte sich sein Blick: «Bruder Anselm, deine Spulln schmecken heute entsetzlich fad.»
Der Klosterbeck schmunzelte in sich hinein. Erst als Albrecht Achilles weiter in ihn drang, rückte er mit der Sprache heraus: «Es ist kein Salz dran.» Auf des Markgrafen erboste Frage nach dem «Warum?» meinte er immer noch schmunzelnd: «Die Nürnberger Herren haben Euch die Fische versalzen. Ich dachte, das sei Salz genug für einen Tag!» Wie gut, dass über die Antwort des Markgrafen die Zeit den Mantel des Vergessens gebreitet hat.

Als seine Erdentage zu Ende gegangen waren, begrub man den Klosterbeck im Kreuzgang des Klosters. Eine in den Sandstein gemeißelte Brezel markierte jahrhundertelang sein Grab.
Geholfen hat das nichts, der Klosterbeck findet bis heute keine Ruhe. Er geistert herum, davon weiß in Langenzenn jeder zu berichten.
Die einen sagen, weil er einmal seine Spulln im Ofen vergessen hat, und haben auch gleich ein überliefertes Sprüchlein parat:

Hier liegt der alte Klosterbeck
er hat gebacken gute Weck',
doch einmal hat er sie verbrannt
da starb er ob der großen Schand'.

Andere allerdings meinen, so zart besaitet sei der Klosterbeck nie gewesen, und haben ihm einen Mehldiebstahl angedichtet. Das Mehl, das er auf Geheiß des Propstes nach einer Missernte unter die Hungernden verteilen sollte, habe er aus Habgier teuer verkauft. Er allein hatte den Schlüssel zur Mehlkammer, und, so wird behauptet, als er eines Tages die Leiter hinaufklettern wollte, um einen Mehlsack vom Dachboden zu holen, für den er in Zeiten der Teuerung einiges zu erwarten hatte, da habe der liebe Gott diesem ruchlosen Treiben nicht länger zusehen können. Der prall gefüllte Mehlsack sei, gerade als er auf der fünften Stufe stand, durch die Dachbodenluke gestürzt und habe dem Klosterbeck den Garaus gemacht.
Wie dem auch sei, die Schande verfolgte den Klosterbeck jedenfalls bis ins Grab und raubt ihm noch heute die Ruhe. In den Wochen vor Weihnachten, dem Fest der Liebe und

der Gaben, treibt es ihn besonders stark um. Dann muss er backen, backen, backen, um die Verfehlungen seines Lebens wieder gutzumachen.
Jedes Jahr am dritten Adventssonntag, wenn der Langenzenner Weihnachtsmarkt stattfindet und der Platz vor der Kirche und dem Kloster nach Glühwein und Erbsensuppe duftet, kann man den Klosterbeck sehen. Dann geht er in seiner schwarzweißen Ordenskutte mit einem großen Korb über dem Arm zwischen den Besuchern umher. Den Kindern schenkt er Zuckerzeug, Reiter den Jungen und Docken (Puppen) den Mädchen, aus weißem Zuckerteig gebacken und mit essbarer Farbe bunt und kunstvoll bemalt. Für die Erwachsenen hat er knusprige Spulln dabei. Der Klosterbeck bedankt sich bei jedem, der eine Gabe aus seiner Hand annimmt, und hofft, durch seine späte Mildtätigkeit den Herrgott gnädig zu stimmen und so die ewige Ruhe zu finden.
Aber die wird ihm so schnell nicht vergönnt sein, denn die heutige Zeit erlaubt es einer Legende nicht, sich so mir nichts, dir nichts aus der Stadtgeschichte davonzustehlen. Denn schließlich ... was wäre der Langenzenner Weihnachtsmarkt ohne den Klosterbeck?

Brezeln an Hopfensud

500 g Mehl, 25 g Hefe und *30 g sehr weiche Butter* wie beim Mürbeteig mit der Hand kräftig durchwirken, in *250 ml Flüssigkeit (Hopfensud, ersatzweise Bier) 5 g Salz* geben und zum Teig hinzufügen, gut durchkneten, bis der Teig geschmeidig ist, und in 10 gleich große Stücke aufteilen, nochmals durchkneten und die Kugeln 30 Minuten kühl stellen. Nach dem Ruhen aus jeder Kugel einen Strang von 40 cm Länge und 1 cm Dicke ausrollen und zu Brezeln formen und auf ein gefettetes Backblech legen. An einem warmen Ort ca. eine Stunde gehen lassen, *in warme Natronlauge (1 g Natron auf 100 ml Wasser)* tauchen und mit *grobem Salz* bestreuen und gut 15 Minuten backen.

Margot Verweyen

Weihnachten im Kloster

Kloster Marienberg

Ave Maria gratia plena
so grüßte der Engel die Jungfrau Maria
da er von dem Herrn die Botschaft bracht.

Zehn junge Mädchen im Alter von 14 bis 17 Jahren standen als lebende Krippe am Altar der kleinen Klosterkirche Marienberg. Es war der Auftakt zu einem Krippenspiel. Im Hintergrund waren Tannenbäume aufgebaut, und es duftete wunderbar nach Kerzenwachs und Weihrauch. Zusätzlich erfüllte der herrliche Tannenduft den festlichen Raum. Die Schwestern vom Armen Kinde Jesu leiteten ein Lyzeum. 1830 als private Schulanstalt errichtet, wurde die Schule 1857 von den Nonnen übernommen. Im Verlauf des Kulturkampfes wurde 1875 die Auflösung beschlossen, und sie mussten von 1877 bis 1887 das Kloster verlassen. 1912 erhielt die Schule den Titel «Lyzeum Marienberg». Zur Zeit des Nationalsozialismus von 1940 bis 1945 mussten die Schwestern erneut das Kloster verlassen, um dann 1945 wieder mit dem Aufbau zu beginnen. So weit die Vorgeschichte.

Dann geh ich eben für ein Jahr ins Kloster, sagte Lucia zu ihrer Mutter, aber nur für ein Jahr, und meine Begeisterung hält sich sehr in Grenzen.

Lucia sollte eine weiterführende Schule besuchen, aber die Eingangsklasse war total überfüllt, und sie musste ein Jahr warten. So beschlossen die Eltern, ihre Tochter in die

Obhut der Schwestern zu geben, die ein Haushaltsjahr anboten in Praxis und Theorie. Etwas zögerlich betätigte Lucia die Glocke an der Klosterpforte. In einem großen Vorraum waren die Eltern dabei, sich von ihren Töchtern zu verabschieden. Als Betreuerin stellte sich Schwester Marie-Luise vor, eine große schlanke Frau mit hellblauen Augen und weißen Wimpern, die Lucia auf Anhieb nicht leiden konnte, sie wusste nur nicht, warum. Die Frau bemühte sich, alles richtig zu machen, umsonst!

Folgt mir, sagte Schwester Marie-Luise, ich zeige euch die Schlafräume. Jede Schülerin hatte eine eigene Zelle, abgeteilt durch weiße Baumwollvorhänge. Es gab ein Bett und einen Frisiertisch ohne Spiegel, eine Wasserkanne und eine Waschschüssel. Der Frisiertisch hatte drei Schubfächer für die Unterwäsche. Draußen im Flur befanden sich die Toiletten, und dort konnte man auch Waschwasser holen, außerdem gab es Spinde für die Oberbekleidung. Lange Hosen waren streng verboten. Das war's.

Räumt eure Sachen ein, befahl Schwester Marie-Luise, anschließend treffen wir uns unten an der Pforte, aber Beeilung bitte.

Als sich alle wieder versammelt hatten, ging Schwester Marie-Luise mit den Mädchen zum Gartenhaus. Der Aufenthaltsraum auf der ersten Etage wurde «Tempelchen» genannt, unten war der Schweinestall. Es gab Abendbrot, und dann wurden die Ämter verteilt.

Da gab es das Hausfrauenamt, und das verantwortliche Mädchen war zuständig für die Mahlzeiten, also Tisch decken, alles zum Essen vorbereiten und anschließend wieder Ordnung schaffen, ein beliebtes Amt, denn da konnte man auch schon mal «trödeln». Dann gab es die Nähstube. Dort regierte Schwester Amanzia mit strengem Blick, und

wenn sie schlechte Laune hatte, musste man alles Genähte wieder auftrennen, Stich für Stich. Da war das Küchenamt, ebenfalls sehr beliebt, weil man zwischendurch immer probieren durfte, außerdem war die Küchenschwester Lea – so hoch wie breit – eine Seele von Mensch. Da sie die Arbeit alleine nicht schaffte, stand ihr Schwester Juventia zur Seite, schließlich beherbergte das Kloster fünfzig Nonnen. Es gab das unbeliebte Putzamt, aber Schwester Cosmas glich durch ihre liebenswürdige Art die Plackerei wieder aus. Es gab die Wasch- und Bügelstube, von mehreren Schwestern besetzt, denn es fielen Berge von Wäsche an, und ein großer Teil landete wieder im Nähzimmer.
Wer Sonntagsdienst hatte, durfte, natürlich nur mit weißer Schürze (an Wochentagen waren sie bunt), das Telefon bedienen. Auch zwischen den Nonnen gab es einen kleinen Unterschied. Die Arbeitsschwestern trugen an ihrem Habit (Ordenstracht) enge Ärmel, während die Schulschwestern weite Ärmel hatten, daran waren sie auch zu erkennen, das lernten die Mädchen im theoretischen Unterricht.
Hinter vorgehaltener Hand munkelte man, dass die Schwestern aus reichem Hause einen Sonderstatus hatten. Die Klöster bestritten ihren Lebensunterhalt aus Grundbesitz und Stiftungen und waren auf Spenden angewiesen. Der Wiederaufbau war teuer, denn die Schäden der Bombenangriffe waren groß. Viele Firmen spendeten auch Lebensmittel, welche dringend nötig waren. Die Grundnahrungsmittel wie Mehl, Öl, Kartoffeln, sogar Äpfel waren vorhanden. Mittags schellte oft die Klosterglocke, und niemand wurde abgewiesen, der Hunger hatte, denn einen Teller warme Suppe gab es immer und ein Stück Brot dazu.
Lucia verstand sich gut mit den Mädchen, aber sie hatte Heimweh. Eines Tages kam sie in ihre Zelle, und Schwester

Marie-Luise hatte ihr den Inhalt der Schubfächer aufs Bett gekippt. Angeblich waren sie nicht ordentlich eingeräumt gewesen. Umgehend schrieb Lucia einen Brief an ihre Eltern, sie wollte sofort nach Hause. Zwei Mädchen hatten schon die Waffen gestreckt und waren von ihren Eltern abgeholt worden, zwei neue Mädchen waren dafür gekommen. Am Wochenende fand ein langes Gespräch zwischen der Schwester Oberin und den Eltern statt, und Lucia musste bleiben. Dann geschah ein kleines Wunder, denn Schwester Marie-Luise wurde in ein anderes Kloster versetzt, und es kam Schwester Carola, eine Schulschwester, die darauf wartete, dass die Höhere Handelsschule wieder eröffnet wurde. Bis dahin sollte sie die Mädchen betreuen. Schwester Carola hatte eine sehr warmherzige Art, mit ihren Schützlingen umzugehen, und leitete auch den theoretischen Unterricht.

Lucia gewöhnte sich langsam an das Klosterleben. Einmal im Monat gab es einen freien Sonntag, und abends trudelten alle wieder ein und hatten sich viel zu erzählen.

Anni hatte ihre Zelle direkt gegenüber von Lucia. In Vollmondnächten geisterte Anni durch die Schlafsäle und murmelte unverständliches Zeug, wovon sie am nächsten Tag nichts mehr wusste. Die Mädchen schlossen die Fenster und die Tür, die zum Treppenhaus führte, damit Anni nicht herunterfiel. Es war schon recht unheimlich, und die Mädchen krochen unter ihre Decken, bis der Spuk vorbei war.

Schwester Oberin wurde stets mit «Guten Tag, liebe Mutter» begrüßt. Man knickste, und es wurde ihr die Hand gereicht. Huldvoll lächelnd nahm sie diese Aufmerksamkeiten entgegen, und oft lachte sie herzlich, wenn eines der Mädchen sie im Eifer des Gefechtes bald umrannte. Manche Schwestern gingen ständig gesenkten Hauptes durch

das Leben und erwiderten auch keinen Gruß. Besonders die jüngeren aber spielten mit den Mädchen, wenn sie ihre Freistunden hatten, Handball und Völkerball, und das ausgelassene Völkchen freute sich über diese Abwechslung.
Jeden Morgen um 7.00 Uhr war heilige Messe, und im Anschluss gab es Kaffee. Um 8.00 Uhr mussten alle auf ihren Posten sein. Aber man verstand auch zu feiern. Es wurde Theater gespielt und gesungen und getanzt. Wenn mittags die Schülerinnen die Schule verlassen hatten, war die Turnhalle frei, und man konnte sich dort herrlich austoben. Die Schulschwestern zogen sich nach dem Mittagessen in ihre Zellen zurück, um Hefte zu korrigieren, und die Arbeitsschwestern versahen weiter ihren Dienst, denn es gab viel zu tun in dem großen Haus.
Das Fest des Jahres warf seine Schatten voraus, der Kardinal kam. Joseph Frings, geb. am 6. 2. 1887, Kardinal seit 1946, von 1942 bis 1969 Erzbischof von Köln, von 1945 bis 1965 Vorsitzender der Fuldaer Bischofskonferenz, war ein Sohn der Stadt Neuss. Bevor Kardinal Frings nach Köln abberufen wurde, war er Pastor am Quirinus-Münster in Neuss. Das Kloster Marienberg war nur einen Steinwurf vom Münster entfernt. Es bestand eine sehr enge Verbindung, denn die Geistlichen übernahmen im Lyzeum den katholischen Religionsunterricht. Der Kardinal hatte seinen Besuch für die erste Adventswoche angesagt.
Schwester Anuncia, die für den Schweinestall, den großen Klostergarten und den Hühnerstall zuständig war und den lieben langen Tag herumwerkelte, sah aus wie eine kleine hutzelige Kräuterhexe. Stets hatte sie ihr Habit aufgeschürzt und trug eine riesengroße grüne Gartenschürze darüber. Wenn sie gute Laune hatte, durften die Mädchen Mohrrüben mitnehmen, und sie machten reichlich Ge-

brauch davon. Im Schweinestall grunzte plötzlich ein kleines rosiges Ferkel; denn das große Schwein war beim Metzger gelandet. Zunächst aber war Hausputz angesagt in Kloster und Schule. Alle fassten mit an, bis kein Stäubchen mehr zu sehen war, die Fenster waren auf Hochglanz poliert, und die Flure des Schulhauses glänzten wie Spiegel.

Und dann kam der Kardinal, strahlte sich durch das Defilee der Ordensschwestern und legte segnend seine Hände auf die Köpfe der vor ihm knieenden Mädchen.

Lucia war so fasziniert, dass sie einen Augenblick überlegte, ob sie den Schleier nehmen und in den Orden eintreten sollte. Beim Rundgang durch Kloster und Schule überzeugte sich der Kardinal von den Arbeiten am Wiederaufbau und war sehr zufrieden.

Mit den bescheidenen Mitteln, die damals zur Verfügung standen, sollte dem hohen Gast etwas Besonderes geboten werden. Die Küchenschwestern Lea und Juventia krempelten die Ärmel hoch – im wahrsten Sinne des Wortes.

Zuerst backen wir ein

Bischofsbrot

1 Tafel Halbbitterschokolade
5 Eier
250 g Zucker, 1 Prise Salz
20 g gemahlene Mandeln
250 g Mehl
1 TL Backpulver
75 g Rosinen
50 g Zitronat, Puderzucker

Schokolade grob raspeln. Eier, Zucker und Salz schaumig schlagen, nach und nach alle anderen Zutaten unterrühren und den Teig in eine Rehrückenform geben, etwa 50–60 Minuten bei 180° backen, Garprobe machen, nach Erkalten mit Puderzucker bestreuen.

Hühnerfrikassee

1 frisches Huhn mit *Salz* und *Suppengrün* kochen, anschließend in feine Streifen schneiden und in die fertige Soße geben.

Für die Soße:
Weißwein, Hühnerbrühe, darin *Champignons, Spargel, Kapern und etwas Zitronensaft* auf kleiner Flamme garen, mit *Worcester-Soße* und *Sahne* abschmecken, andicken.

Das Frikassee wurde als Vorspeise in Pasteten serviert, die der Haus- und Hofbäcker großzügig spendiert hatte.
Ein Ameisenhaufen wirbelte durch die Küche, alle Mädchen durften helfen, und später war der Kardinal voll des Lobes über die Kochkünste. So stand auch das klösterliche Weihnachtsmenü schon fest, und schnell kam der Heilige Abend. Bevor die Christmette begann, führten die Mädchen in der festlich geschmückten Kirche ihr Krippenspiel auf, und Lucia war sicher, dass es das schönste Weihnachtsfest war und eine unvergessliche Adventszeit.
Im nächsten Jahr kam der Abschied mit einem lachenden und einem weinenden Auge. Eines war Lucia klar geworden: auch Ordensfrauen sind Menschen mit Fehlern und Schwächen, guten und schlechten Seiten. Es war kein verlorenes Jahr gewesen, und es begleitete sie ein Leben lang.

Franz Wilhelm Rellmann

Dank dem dicken Müller

Kloster St. Margareten in Sichtigvor

Nun wohnten wir in Sichtigvor, einem Dorf im Sauerland. Nach unserer Flucht aus Thüringen hatten meine Mutter und ich hier eine kleine Wohnung zugewiesen bekommen. Es war ein kalter Winter, 1956, und der winzige Ofen wärmte zaghaft. Die wenige Habe, einige geschenkte Möbel, verloren sich in den zwei Räumen.

Als Flüchtlingskind, und dann noch ohne Vater, hatte ich es nicht einfach unter den Dorfkindern. Ohne mein geliebtes Spielzeug und Taschengeld war es schwer, Freunde zu finden.

Meine Mutter versuchte, so gut es ging, unser Leben zu meistern. Wir lebten jetzt im Westen mit all seinen Herrlichkeiten und waren bettelarm!

Es gab eine alte Dorfschule mit einem Hauptlehrer namens Wessel. Mit der Frage «Hat der Junge überhaupt einen Schulranzen?» offenbarte Herr Wessel seine gütige Seite. Er schenkte mir eine alte Aktentasche und meinte: «Die tut es noch.» Somit war ich wieder eingeschult, und der Start ins neue Schulsystem konnte beginnen. Meine Mitschüler beäugten mich sehr argwöhnisch. Ich war recht klein und schmal und machte sehr schnell die Bekanntschaft mit dem dicken rothaarigen Müller. Er verprügelte mich regelmäßig in den Pausen auf dem Schulhof. Bis ich eines Tages mit ganzer Wut zurückschlug und diesen Kerl besiegte. Wir wurden Freunde. Gute Freunde. Mein Stand bei den Dorfkindern hatte sich schlagartig verbessert. Der Willy hat den

dicken Müller besiegt! Die Nachricht machte im Dorf schnell die Runde. Es ging aufwärts mit mir.
Der nächste Schritt war die Aufnahme als Messdiener bei Pfarrer Muder. Aber meine Mitschüler warnten mich vor ihm, er sei ein ganz komischer Kerl und verteile Ohrfeigen für die kleinsten Fehler eines Ministranten. Und das während der Messe – vor allen Gläubigen. Das wollte ich nicht glauben. In dieser so schönen Barockkirche mit den herrlichen Figuren, dem vielen Gold und all der Pracht.
An einem Sonntag im Hochamt sollte es aber auch mich erwischen. Ich trug das Messbuch etwas zu früh von links nach rechts. Prompt spürte ich den kräftigen Schlag: eine schallende Ohrfeige. Und laut und deutlich die Aufforderung, alles nochmal zurück und von vorn. Mit hochrotem Kopf befolgte ich den Befehl. Nach dem Gottesdienst warteten schon meine Klassenkameraden vor der Sakristei und feixten. «Na, glaubst du uns jetzt?», fragten sie ganz höhnisch. Ich war einfach nur sprachlos. Der dicke Müller, jetzt ja mein Freund, tröstete mich mit einer Überraschung. «Du musst dich auf die Liste der Messdiener für unser Kloster setzen lassen», war sein Tipp. «Dort hält jeden Morgen um sechs Uhr ein netter Pater, der auch im Kloster wohnt, die Messe für die Nonnen. Und nach der Messe gibt es in der Klosterküche ein prachtvolles Frühstück. Mit Rosinenbrot, Kakao, guter Butter, Käse und Wurst. So viel du willst!»
Ich traute meinen Ohren nicht. Das klang verlockend, und wenn es tatsächlich so war, erleichterte es das so frühe Aufstehen. Nur, auf diese Wochenliste zu gelangen war nicht einfach. Die Hoffnung auf ein gutes Frühstück lockte viele Messdiener aus den Federn. Ich musste mich gedulden, bis ich an der Reihe war. Dann endlich stand mein Name für

die erste Dezemberwoche auf der so begehrten Liste. Meine Mutter freute sich mit mir, denn unser Frühstückstisch konnte nicht viel Köstliches bieten, schon gar nicht an den Wochentagen. Pünktlich um fünf Uhr klingelte der Wecker an diesem Montagmorgen. Noch etwas müde, aber voller Vorfreude machte ich mich auf den Weg. Es war noch dunkel, aber in der Nacht hatte es geschneit, und das Dorf lag wie in Watte gepackt vor mir. Gut zwanzig Minuten Fußweg bis zum Kloster St. Margareten standen mir bevor. Die große Klosteranlage mit ihren zwei mächtigen Zwiebeltürmen, von einer hohen Mauer umgeben, hatte mir schon gleich nach unserer Ankunft gut gefallen. Mein Wunsch, es auch einmal von innen zu sehen, sollte nun in Erfüllung gehen.

Ich klopfte mir den Schnee von den Schuhen und drückte voller Erwartung auf den großen goldenen Klingelknopf, der sich neben dem mächtigen Portal befand. Eine junge Ordensschwester öffnete mir die Tür. «Du bist wohl unser Messdiener für diese Woche», begrüßte sie mich freundlich. Ich nickte, und durchgefroren trat ich in einen hellen, sehr schönen, mit reichlich Stuck versehenen hohen Flur. Ein breiter roter Teppichläufer lag auf dem Boden aus alten großen grauen Steinfliesen. Es herrschte eine seltsame Stille. An den Wänden hingen, in wunderschön gefassten Goldrahmen, prächtige Ölbilder. Meine Augen wollten alles erfassen, sollte ich doch meiner Mutter über das Kloster berichten. Die Schwester bemerkte mein langsames Gehen und meinen Blick auf die Gemälde. Dies seien die jeweiligen Herrscher der hiesigen Kommende Mülheim – Sichtigvor – Möhne, erklärte sie, und mir war, als schauten die sehr gewichtigen Herren in ihrer pompösen Kleidung mit strengem Ernst auf mich herab. Beeindruckt und wie verzaubert folgte ich der Schwester in ihrem rauschenden schwarzen Gewand schweigend über scheinbar endlose Flure bis zur Sakristei; ein schlichter Raum, in dem sich schon der Pater für die heilige Messe ankleidete. Ein kleiner Herr mit ergrautem Haar lächelte mir freundlich zu und hieß mich im Kloster St. Margareten willkommen. Mit leiser Stimme sprach er: «Hier im Kloster verbringe ich meinen Lebensabend.» In seiner ruhigen und offenen Art wirkte er sehr vertraut, ja väterlich auf mich.

Punkt sechs Uhr betraten wir, ein kleines Glockenzeichen gebend, die Hauskapelle: ein großer barocker Raum, in hellen Pastelfarben gefasst, mit einem schlichten Altar versehen. In den vorderen Bänken hatten sich die Franziskanerinnen von ihren Plätzen erhoben. Eine feierliche Stimmung erfüllte den Raum. Etwas aufgeregt war ich schon, doch es war kein Vergleich zwischen Dorfpfarrer Muder und dem hier in der Morgenmesse behutsam agierenden Pater. Alles verlief in einer feierlichen Form, die mich sehr beeindruckte.

Vor allem die schönen Stimmen der Nonnen bei den Gesängen erstaunten und beglückten mich auf eine mir fremde neue Art. Nach einer drei viertel Stunde war die heilige Messe beendet. Die Novizin, die mir schon geöffnet hatte, begleitete mich nun auf dem Weg in die Klosterküche. Schon von weitem erfasste meine Nase einen wunderbaren Duft. Allein dieser Duft von frisch gebackenem Hefebrot, vermischt mit einem feinen Kaffeearoma, warmer Milch und vielen anderen herrlichen Gerüchen, wie ich sie nur aus meinen Träumen kannte, konnte wohl nur aus einer Klosterküche kommen. Hier sei meine Vermutung erwähnt, dass mein späterer Entschluss zu einem freiwilligen mehrjährigen Aufenthalt im Schwarzwald bei den Schulbrüdern im Klosterinternat Maria Tann etwas mit diesen himmlischen Gerüchen und Verlockungen zu tun hatte. Und – auch dies will ich nicht verschweigen – ich wurde nicht enttäuscht.

An diesem Morgen strömte mir eine wohlige Wärme entgegen, als sich die Tür zur Küche auftat. Das Reich der Schwester Ursula lag vor mir, ein riesiger Gewölbekeller mit weiß getünchten Wänden.

Schwester Ursula war eine Nonne wie aus dem Bilderbuch, mit lustigem Gesicht und gütigen Augen. Über ihrer schwarzen Kutte trug sie eine große weiße Schürze, die ihren kleinen beleibten Körper stramm umspannte. «Ich habe dir dein Frühstück schon angerichtet», begrüßte sie mich heiter und zeigte mir unter einem kleinen Fenstergewölbe den gedeckten Tisch. «Lass es dir gut schmecken, und wenn du noch einen Wunsch hast, sage es mir nur.» Ich dankte ihr und nahm schnell voller Freude Platz. Mein Freund Müller hatte nicht übertrieben. Erdbeer- und Himbeermarmelade, ein irdener Topf mit Pflaumenmus, Rosinenbrot – noch warm – und gute Butter, weich und reichlich, standen auf dem Tisch. Auch ein Stück Käse und üppig Wurst. Nach fast fünfzig Jahren könnte ich heute schwören, dass es Bierschinken war. Den mochte ich damals besonders gern.

Schwester Ursula hantierte, während ich aß, emsig in ihrem Küchenreich. Irgendwann kam sie zu mir an den Tisch und erkundigte sich ein wenig nach mir. Dass ich kein Einheimischer war, hatte sie gleich festgestellt, und als sie von unserer Flucht erfuhr, spürte ich ihr ganzes Mitgefühl. Liebevoll streichelte sie mir übers Haar und tröstete mich, dass schon alles gut werden würde.

Es tat gut, und gestärkt an Leib und Seele fühlte ich mich

plötzlich rundum wohl. Jetzt konnte ich auch nach dem Kloster fragen. Erstens war ich wissbegierig, und zweitens sollte ich der Mutter ja auch etwas erzählen können. Schwester Ursula blickte mich erstaunt an, so viel Interesse kannte sie von den anderen Messdienern nicht, aber die waren auch aus dem Dorf und konnten Eltern und Großeltern fragen. Ich erfuhr jeden Morgen etwas mehr vom Kloster St. Margareten und von seiner Geschichte.

Gegründet wurde das Kloster im Jahre 1266 von Gottfried und Adelheid, Graf und Gräfin von Arnsberg, die in der Urkunde als treue Gefolgsleute Christi beschrieben werden. Danach hat das Kloster eine sehr bewegte Geschichte erlebt. Die Deutschordensritter wohnten hier, später beherbergte das Gebäude die verschiedensten Einrichtungen. Ein Gericht hat hier für kurze Zeit gewirkt, und auch der Orden der Salesianerinnen. Erst ab 1855 übernahmen die Franziskanerinnen das Kloster. Die Küchenschwester Ursula war 1956 schon über 25 Jahre im Hause und wusste viel zu erzählen. Aber spätestens um halb acht sagte sie energisch: «Nun musst du aber auch langsam zur Schule, und ich habe noch viel zu tun, hier in meinem Küchenreich.»

Somit verabschiedete ich mich von ihr mit einem Dankeschön für das feine Frühstück. Zur Dorfschule waren es nur wenige Schritte, sie lag dem Kloster gegenüber. Meinem Freund Müller dankte ich sehr für seinen Ratschlag mit der Liste. Mittags berichtete ich ausführlich meiner Mutter von diesem schönen Erlebnis im Kloster. Sie freute sich mit mir und meinte: «Da hast du ja noch eine gute Woche vor dir.» Meine größte Sorge während dieser Woche war, morgens zu verschlafen. Ich stellte den Wecker abends noch extra auf eine umgedrehte Untertasse. Das half.

Am letzten Morgen, dem Samstag, wartete Schwester Ursula mit einer ganz großen Überraschung auf. «Weißt du eigentlich, dass wir alle Messdiener, die in diesem Jahr bei uns waren, Weihnachten zu einem Festessen einladen?» Das hatten die Jungs mir wohl zu erzählen vergessen.
Diese Weihnachtseinladung sollte eine meiner schönsten und bleibenden Erinnerungen an das Kloster St. Margareten sein. Ich habe alle Bilder im Kopf, jeden einzelnen Geschmack auf der Zunge, jeden Duft in der Nase und jeden Ton im Ohr. Eine lange Holztafel mit vielen Kerzen und kleinen, dunkelrot leuchtenden, blank geriebenen Äpfeln erwartete uns in Schwester Ursulas Reich. Erst dreißig Jahre später habe ich mich darangewagt, dem Genuss konkret nachzuspüren, Rezeptbücher zu wälzen, Zutaten einzukaufen und die Gerichte nachzukochen.
Herausgekommen ist *mein* Weihnachtsmenü St. Margareten:

Käse-Lauch-Suppe mit Hackbällchen

2 Hand voll Schalotten fein würfeln, *2 Stangen Lauch* putzen, waschen, in feine Ringe schneiden, in *Butter* anbraten und mit *1 1/2 Liter Gemüsefond* auffüllen und 10 Minuten leicht kochen. *250 g jungen geriebenen Gouda* und *zwei Ecken Kräuterschmelzkäse* unter Rühren in der Brühe auflösen, weitere 10 Minuten leicht kochen. Kleine *Hackbällchen aus Rinderhack* mit einer kräftigen Spur *Muskat* zum Schluss kurz in der Suppe ziehen lassen. Mit frischer *Kresse* servieren und kleine *Hefebrötchen* – warm aus dem Ofen – dazu reichen.

Rehschnitzel mit Sellerie-Kartoffel-Püree

Pro Person *2 Rehschnitzel à 80 g,* mit *Pfeffer* und *Majoran* würzen, zur Seite stellen.
250 g Sellerie schälen, würfeln und sofort mit *2 EL Zitronensaft* beträufeln, in wenig Wasser garen, leicht salzen, Sud abgießen und aufbewahren, *1 1/2 EL Butter* zum Sellerie geben, kurz dämpfen. *500 g Kartoffeln* schälen, kochen und mit dem Sellerie mischen und passieren. Selleriesud und *1 EL Rahm* zugeben. Mit *Salz* und evtl. *1 EL Butter* abschmecken. Warm stellen.
Rehschnitzel in Butterfett kurz beidseitig goldbraun braten, leicht salzen und warm stellen. Bratenfond mit *einem guten Schuss Kognak* und *einem Glas Weißwein* löschen, mit *125 ml Wildfond* aufkochen und *2 EL Rahm, 1 EL Preiselbeeren, Pfeffer und Salz* abschmecken.
Soße extra servieren.

Bratapfel gefüllt mit Marzipan und Mandeln, dazu Vanillesoße

Pro Person *zwei kleine Äpfel* waschen, abtrocknen und das Kerngehäuse ausstechen. *Rohmarzipan* mit *Zimt* und *etwas weicher Butter* mischen und in die Äpfel füllen. *Zwei Mandeln* in jede Füllung stecken. Auf eine gut gefettete Auflaufform geben, mit einem *Butterklecks* versehen und bei 180 Grad im Backofen ca. 30 Minuten garen. Warm mit Vanillesoße servieren.

Rainer Meier

Der Hirsch und die Schweine

Zisterzienser-Kloster Lehnin/Zauche

Es war heiß, und er war durstig. Schon seit den frühen Morgenstunden folgte Markgraf Otto I. von Brandenburg, Sohn von Albrecht dem Bären, den Spuren eines gewaltigen Hirsches. Nur selten drang ein Lichtstrahl durch die dichten Eichen- und Buchenwälder der Zauche. Bereits vor Stunden hatte er seine Gefährten aus den Augen verloren und sich immer tiefer in den Wald gewagt. Kaum sah er den Hirsch, verschwand er auch wieder; ein wahrer König des Waldes, mit klugen, schönen Augen, grauem, struppigem Bart und einem ausladenden Geweih. Es schien ihm, als spiele das Tier mit ihm, als verfolge es ein unbekanntes Ziel. Seinen prächtigen Rappen musste der Markgraf anbinden und zurücklassen, auf dem morastigen Boden kam er zu Fuß schneller voran. Außerdem hatte er Angst, das Pferd könne versehentlich in eines der tückischen Sumpflöcher treten. Die Luft wurde zunehmend schwüler, und erste Gewitterwolken zeigten sich am ansonsten blauen Himmel. Erschöpft und todmüde, wie er war, ließ sich der Markgraf unter einer alten Eiche nieder, den langen Speer fest umschlossen in der Hand.

Plötzlich stand der Hirsch direkt vor ihm, das gewaltige Geweih auf ihn niedergesenkt. Der Mann spürte, wie das harte, spitze Horn seinen Körper berührte. Er griff nach seinem Speer und versuchte das schnaubende Ungetüm abzuwehren, aber das verästelte Geweih bohrte sich immer tiefer in seinen Körper. Er schrie vor Schmerz und glaubte sich verloren. Durch den heißen Atem der wilden Kreatur sah er das Antlitz des Teufels. In seiner Verzweiflung rief der Wehrlose lauthals Gott um Beistand an. Und siehe da: Der Hirsch verschwand, und der Markgraf erwachte.

Nachdem er seine Gefährten wiedergefunden hatte, erzählte er ihnen von seinem Traum: «Das kann nur der leibhaftige Teufel gewesen sein! Erst bei der Anrufung Gottes ist er gewichen. An diesem Orte will ich eine Feste bauen, aus welcher die höllischen Feinde durch die Stimmen heiliger Männer vertrieben werden und in der ich den Jüngsten Tag ruhig erwarten will.»

Gleich am nächsten Morgen schickte Markgraf Otto I. von Brandenburg einen Boten ins nahe gelegene Zisterzienser-Kloster Sittenbach im Mansfeldischen und berichtete dem dortigen Abt von seinem Vorhaben. Da in der Gegend, in der die Ereignisse sich zutrugen, überwiegend Wenden lebten, die dem Christentum mehr als nur ablehnend gegenüberstanden, beabsichtigte der Markgraf, das Kloster mit umfangreichen Befestigungen zu versehen. Weil ein Hirsch der Anlass für die Klostergründung war und das wendische Wort für Hirsch «Lehnije» lautete, sollte das neue Kloster Lehnin heißen.

Der Abt von Sittenbach prüfte das Ansinnen des Markgrafen sorgfältig. Er unterstützte es schließlich, denn die strengen Regeln der Zisterzienser schreiben unter anderem vor, dass ihre Klöster immer in Niederungen und Sümpfen errichtet werden sollen, das heißt in ungesunden Gegenden, damit die Brüder des Ordens den Tod jederzeit vor Augen haben. Und welcher Ort war besser geeignet als die dichten Eichen- und Buchenwälder der Zauche mit ihren unwirtlichen, stinkenden und gefährlichen Sümpfen? Außerdem stand das Kloster unter dem besonderen Schutz des

Markgrafen und war ein guter Ausgangspunkt für die geplanten Feldzüge zur Bekehrung der heidnischen Wenden im Osten.

Der Winter war sehr hart gewesen und zog sich bis tief in das Frühjahr hinein. Noch im März waren die Abtritte zugefroren, und manch ein Bruder verrichtete seine Notdurft in den abgeschiedeneren Gängen des Klosters statt auf den zugig-kalten Brettern der Latrine. Auch die Lebensmittel waren knapp geworden, alle Fleisch- und Fischvorräte aufgebraucht. Das letzte Huhn hatte der Fuchs geholt, und der Schweinebestand war durch die Pest so stark dezimiert, dass man die überlebenden Säue dringend für die Aufzucht benötigte. Nur ein paar Säcke Gerste und Esskastanien, getrocknete Bohnen und Erbsen waren ihnen geblieben sowie ein paar Säckchen mit getrockneten Gewürzen. In seiner Not und um wenigstens einmal am Tag eine warme Mahlzeit servieren zu können, stampfte Küchenbruder Gabriel Baumrinde zu Brotmehl oder Brei, den er mit gehäckseltem Farn und wilden Zwiebeln würzte, obwohl auf das Entrinden der Bäume fürchterliche Strafen standen. In heißer Asche röstete er Eicheln, und aus Brennnesseln, Gras und Disteln bereitete er Suppen. Obstkerne verarbeitete er zu Mehl, um damit Fladen zu backen oder Suppen zu binden. Es war wahrlich eine harte Zeit, und unfreiwillig hatten die Mönche die vierzigtägige Fastenzeit weit über Ostern hinausgedehnt. Es wurde immer schwieriger, die Ordnung im Kloster aufrechtzuerhalten.
Viele Brüder nutzten die Zeit zwischen den morgendlichen Vigilien und Laudes, um noch einmal ins warme Bett zu gehen und weiterzuschlafen, statt sich dem stillen Gebet oder Studium zu widmen. «Ora et labora» – bete und

arbeite – lautete das Motto der Zisterzienser, seit der Benediktiner Robert von Molesme den Orden im Jahre 1098 gegründet hatte. Zeichnete sich ihr normaler Alltag schon durch Einfachheit und Strenge aus, den unaufhörlichen Wechsel von Gebeten, Studien und körperlichen Arbeiten, so war es gegenwärtig kaum möglich, den gewohnten Rhythmus beizubehalten. Viele Brüder waren in wärmere Regionen geflohen, schwach oder krank, und aufgrund der Kälte war an die notwendige Feldarbeit gar nicht zu denken. Immer häufiger musste der Abt seine Brüder zur Ordnung ermahnen, weil ihre weiße Tunika schmutzig war, die Abschriften in der Bibliothek ruhten oder die vorgeschriebenen Zeiten des Gebets nicht eingehalten wurden. Und dann noch die ständige Sorge um die Ernährung der Bruderschaft. «Die Nahrung für die Mönche unseres Ordens soll aus manueller Arbeit, Landwirtschaft und der Aufzucht von Tieren stammen», zitierte der Abt in Gedanken die Regel des Ordensgründers. Nichts wäre ihm lieber gewesen, als sich an diese Vorschrift halten zu können.
In dieser Zeit allgemeiner Not erreichte die Mönche von Lehnin die Nachricht, dass der Kaiser beabsichtige, dem Kloster auf seiner Durchreise einen kurzen Besuch abzustatten. Zur Freude über die Ehre, die ihnen zuteil wurde, gesellte sich die Sorge um die Bewirtung der ungewöhnlichen Gäste. Wie sollte man den Kaiser und sein Gefolge standesgemäß verköstigen?
Tagelang grübelten der Abt und die Mönche über einen Weg aus der misslichen Lage, ohne eine Lösung zu finden. Sollten sie für den hohen Besuch ihre wertvollen Schweine opfern? Woher sollten sie dann neue für die Aufzucht bekommen? Oder könnten sie dem Kaiser und seinen Begleitern des Küchenbruders Wald- und Wiesengerichte

servieren? Askese und Bescheidenheit gehörten zwar zu den Prämissen ihres Ordens, aber konnten sie es riskieren, den Kaiser mit ihren bescheidenen Speisen zu beleidigen? Der Abt bat Küchenbruder Gabriel, den Zellerar Bruder Karl, den Sakristan Bruder Christian und den Zeremoniar Bruder Henri in das Parlatorium, den einzigen Raum im Kloster, in dem das Schweigegebot nicht galt. «Was sollen wir tun?», fragte der Abt seine Brüder. Sorgenfalten zeichneten sein Gesicht. – «Ein oder zwei Schweine können wir schlachten», meinte Bruder Karl, «das ist besser als nichts. Gott wird uns schon beistehen.» – «Es wäre eine Sünde», schnaubte Bruder Christian, «ein Frevel wider unsere Gebote und Gelübde. Wenn der Kaiser sich satt essen will, soll er selbst für seine Speisen sorgen – so wie wir.» – «Aber Brüder, das bringt uns doch nicht weiter», versuchte Bruder Henri zu vermitteln. «Vielleicht hat unser Bruder Gabriel ja eine Idee ...» Aller Augen richteten sich auf den dicklichen Küchenbruder, der die ganze Zeit schon ungewohnt still, doch mit gerunzelter Stirn zugehört hatte. «Lasst mich nur machen», sagte Bruder Gabriel, stand auf und entschwand in die Gänge des Klosters.

In den nächsten Tagen sah man Bruder Gabriel immer häufiger in der Bibliothek über den Kochbüchern von Apicius, Lucullus, Juvenal und Martial. Die anderen Brüder machten einen großen Bogen um ihn und ließen ihn in Ruhe, in der Annahme, dass er sich auf das Essen für den Kaiser vorbereite. Doch Bruder Gabriel dachte überhaupt nicht an den bevorstehenden Besuch. Er las die Kochbücher, um sich in Gedanken und Bildern an den lukullischen Rezepten der alten Römer zu sättigen.

Immerhin kam ihm dabei eine Idee ...

«Der Kaiser wird morgen eintreffen!» Wie ein Lauffeuer

verbreitete sich die Nachricht im Kloster, kaum dass der Bote des Kaisers vom Pferd gestiegen war. Während unter Aufsicht des Gästepflegers Bruder Heinrich die letzten Vorkehrungen für den Aufenthalt des Kaisers getroffen wurden, weichte Bruder Gabriel getrocknete Erbsen in Wasser ein und gab eine gehörige Prise frischen gemahlenen schwarzen Pfeffers in das Einweichwasser. Nachts, als die anderen Brüder schliefen, schlich er sich heimlich mit einem scharfen Messer in den Schweinestall, aus dem alsbald lautes Quieken ertönte.

Als die Brüder am nächsten Morgen in das Refektorium kamen, fanden sie die Tische bereits hergerichtet und die Tür zur Küche verschlossen. Das hatte es noch nie gegeben. Stets deckten sie gemeinsam die Tische. Trotz lauten Rufens und Bittens öffnete Bruder Gabriel ihnen nicht. Schweigend nahmen die Mönche ihr Mahl ein und gingen anschließend zur Messe. Kaum hatten sie den Speisesaal verlassen, holte Bruder Gabriel die benutzten Schüsseln, Löffel und Krüge und warf sie in den Spülbottich mit heißem Wasser. Kaum dass er alles gespült und abgetrocknet hatte, hörte er auf dem Hof laute Stimmen und den Klang von Hufen, Türen wurden aufgerissen, und kurze Zeit später erschien der Abt im Refektorium. «Der Kaiser ist da, der Kaiser ist da!», rief er aufgeregt. «Was willst du ihm zum Essen anbieten?» – «Macht euch keine Sorgen, empfangt den Kaiser, wie es ihm gebührt, und begebt euch dann gemeinsam ins Refektorium», erwiderte Bruder Gabriel geheimnisvoll und ging zurück in die Küche. – «Wie soll ich mir in dieser Situation keine Sorgen machen», entgegnete der Abt kopfschüttelnd und ging, um den hohen Herrn und sein Gefolge zu begrüßen.

Kaum saß der Kaiser mit seinem Gefolge am Tisch, stellte

Bruder Gabriel große Schüsseln mit heißer Erbsensuppe auf die abgenutzten, blank polierten Bretter. Köstlicher Fleischduft stieg dem Kaiser in die Nase und vermischte sich mit dem Aroma frisch gebackenen Brotes. Der Kaiser und sein Hofstaat langten kräftig zu. Bier und Wein wurde in schwere Becher geschüttet. Laut schmatzend lobte der hohe Herr das treffliche Mahl und streckte seinen Humpen dem Abt zu. Der Abt verneigte sich leicht und probierte von der Suppe. Sie schmeckte köstlich und enthielt unzweifelhaft Fleischstücke. Er warf Bruder Gabriel einen strafenden Blick zu, aber der hob nur die Schultern – und lächelte. Kaum hatte der Kaiser mit seinem Gefolge das Kloster verlassen, stürmte der Abt wütend in die Küche und fuhr Bruder Gabriel an: «Hast du etwa … Wie konntest du nur? Woher sollen wir denn neue bekommen?» Hinter dem Abt standen die anderen Mönche und fielen in die Empörung ein. «Meine Brüder, gemach, gemach», versuchte Bruder Gabriel sie zu beruhigen. «Folgt mir!»

Er ging zum Stall und öffnete die Türe. Aus dem Inneren tönte lautes Quieken. Die Mönche staunten nicht schlecht, als sie die friedlich grunzenden Schweine sahen. Der Abt zählte sie, und siehe da, es fehlte kein einziges. Erstaunt schaute er Bruder Gabriel an: «Woher hattest du das Fleisch für die Suppe?» – «Fällt euch nichts auf?», fragte Bruder Gabriel und wies auf die Säue. Da sahen sie es alle – den Schweinen fehlten die Ohren. Die Mönche lachten, und auch der Abt konnte ein Schmunzeln nicht unterdrücken. Er tadelte Bruder Gabriels Ungehorsam, lobte seine Klugheit und spendierte allen Brüdern zur Feier des Tages ein paar Heminen Bier. Seitdem ist Erbsensuppe mit Schweineohren eine Spezialität in Brandenburg. Und hier das Rezept:

Erbsensuppe mit Schweineohren

250 g ungeschälte gelbe Erbsen
400 g gepökelte Schweineohren
etwas geräucherte Schwarte
Suppengrün
2 Zwiebeln
1 EL Schmalz
2 Lorbeerblätter
500 g Kartoffeln
Majoran
Salz und Pfeffer

Erbsen über Nacht einweichen und abgießen. Das Einweichwasser auffangen und auf einen Liter mit Wasser auffüllen.
Schweineohren vier Stunden in kaltes Wasser legen, dann herausnehmen und trockentupfen.
Schweineohren und Schwarte mit den Erbsen in der Flüssigkeit zum Kochen bringen. Eine Stunde köcheln lassen und dabei gelegentlich den Schaum abschöpfen.
Inzwischen Suppengrün und Zwiebeln würfeln und im Schmalz anbraten, bis es Farbe annimmt.
Alles in die Suppe geben und mit den Lorbeerblättern eine weitere Stunde köcheln.
Kartoffeln schälen, würfeln und in die Suppe geben.
Mit Majoran, Salz und Pfeffer würzen.
Alles weitere 20 Minuten köcheln.
Schwarte entfernen und Fleisch in teelöffelgroße Stücke schneiden.

Nachwort

Aus der Klosterküche auf unseren Tisch …

Mit einem besonderen Dank an alle, die ihre Klostergeschichte aufgeschrieben und uns zugesandt haben, möchten wir Sie einladen, es unseren Autoren gleichzutun und sich auf diese Reise in eindrucksvolle und kulturell hochinteressante Stätten der Begegnungen einzulassen. Überall laden bekannte und unbekannte Klöster, Abteien und Stifte dazu ein. Orte der Stille und der Anregungen; ob als Ziel für einen Familienausflug, ein Seminar, eine Woche der Ruhe in einem «Kloster auf Zeit», eine Stunde im Klostergarten oder für den Besuch einer Klosterschänke und den Verzehr eines schmackhaften Gerichts. Für jeden Suchenden wird der Kontakt anders sein. Aber wie Sie in unseren Geschichten lesen können, entsteht vielleicht etwas von dem, was wir in unserer von Äußerlichkeiten geprägten Welt verloren haben und was wir gerade in der vorweihnachtlichen Zeit vermissen und suchen: Oasen inmitten des Alltagstrubels. Lassen Sie sich auf Entdeckungen ein, auch was die Zubereitung von Speisen anbelangt. Und was das in Zeiten der Fast-Food-Ketten und Convenience heißt, dafür zitieren wir noch einmal Brillat-Savarin: «Die Entdeckung eines neuen Gerichtes ist für das Glück des Menschengeschlechts von größerer Bedeutung als die Entdeckung eines neuen Gestirns.» Und: «An den Tafelfreuden hat jedes Lebensalter, jeder Stand, jedes Land und jeder Tag seinen Anteil; sie lassen sich mit allen anderen Freuden verbinden und bleiben uns bis zuletzt treu, um uns über den Verlust der anderen zu trösten.»

Wir wünschen Ihnen, unseren Leserinnen und Lesern, Freude an den Geschichten und hoffen, dass die Rezepte Sie zum Kochen anregen. Wenn Sie im Freundes- oder Familienkreis an Ihrem Tisch zusammensitzen, entsteht vielleicht eine adventliche Runde, und wenn dann noch jemand eine weihnachtliche Geschichte erzählt oder vorliest, haben auch wir unser Ziel als Herausgeberinnen erreicht.

Eine gesegnete Weihnachtszeit wünschen Ihnen
Ihre Ursula Richter und Gudrun Reher

Autorenverzeichnis

Margit Begiebing, geboren in Ansbach, aufgewachsen in Koblenz, später zurück nach Franken gezogen, heute in Langenzenn beheimatet. Die Autorin hat sich viele Jahre für andere engagiert, im Beruf, in der Politik, als ehrenamtliche Richterin, im Heimatmuseum, als Ehefrau und Mutter. Nachdem ihre Tochter ausgezogen ist, hat sie beschlossen, dass nun die Zeit gekommen sei, etwas für sich zu tun, und begann wieder mit dem Schreiben. Seitdem ist der Computer ihr bester Freund, die Tochter erste Korrektorin, und der Mann findet das Essen im Kochbuch – wie es sich in einer kreativen Familie gehört. Der sehenswerte Kloster-Kreuzgang und der besondere Weihnachtsmarkt mit dem Klosterbeck laden in der Heimat der Autorin zum Besuch ein.

Barbara Bronnen, gebürtige Berlinerin, wuchs in Österreich auf. Heute lebt sie, Mutter eines Sohnes, als freie Schriftstellerin in München. In den Sommermonaten schreibt sie seit 25 Jahren in der Toskana. 1995 erschien «Meine Toskana», ein persönliches Bild von der Landschaft, den Menschen und ihrer Lebensart. Die Benediktiner-Abtei von Sant'Antimo in der Nähe von Montalcino soll nach glaubwürdigen Quellen von Karl dem Großen im Jahr 781 auf dem Rückweg vom Rom gegründet worden sein, als viele vom Hofstaat an Pest erkrankten. Um die Geißel einzudämmen, legte der Kaiser ein Gelübde ab und gründete zum Dank die Abtei, benannt nach einem Ortsheiligen von Castelnuovo.

Rosalie Bruns, lebt in Seetze, ist seit 43 Jahren verheiratet und hat mit Erreichen des 65. Lebensjahres jetzt nach 35 Jahren Selbständigkeit im Tischlerei-Innenausbau endlich Zeit zum Schreiben.

Margot Ernst, geboren 1948 in Wilster/Holstein. Lebt seit 42 Jahren in einem Haus unmittelbar am Strand der Geltinger Bucht. Sie ist seit über zwölf Jahren als freie Mitarbeiterin beim «Flensburger Tageblatt» tätig und veröffentlicht ihre Geschichten über das Land und die Menschen, das Vieh, Feuerwehr- und Gemeinderatssitzungen im «Amtskurier» und in anderen Zeitungen. Die Suche nach der heilen Welt habe sie gereizt, über das St.-Johannis-Kloster in Schleswig zu schreiben und die faszinierende und schillernde Gestalt der Henny von Schiller, die nimmermüde versucht, diesen Schatz an der Schlei zu erhalten.

Angelika Gardiner, in München geboren und seit über 20 Jahren im Hamburger Exil lebend, arbeitet als Journalistin für Tageszeitung und Rundfunk, bevor sie zur «Brigitte» kam und engagierte Reportagen aus aller Welt schreibt, insbesondere über Frauen und Kinder in armen Ländern. Ehrenamtlich ist die Autorin in mehreren Bürgerinitiativen aktiv und setzt sich im Nordelbischen Frauenwerk für die Bekämpfung des Frauenhandels und die Rechte von Flüchtlingsfrauen ein.

Andrea Gerecke, lebt in Hille-Unterlübbe, ist Journalistin und arbeitet zurzeit in einem floristischen Verlagsunternehmen. Ihr Hobby sind Gedichte und Geschichte. Die «Geeiste Weihnachtsstolle» ist von ihr mehrfach ausprobiert worden und «superlecker!».

Dagmar Günther ist Journalistin. Mit Mann, Sohn und Tochter lebt sie in Berlin. Die handelnden Personen in ihrer Klostergeschichte hat sie frei erfunden. Das Kloster Eldena aber existierte wirklich. Es wurde Ende des 12. Jahrhunderts in der Nähe der späteren Hansestadt Greifswald errichtet, dort wo das schiffbare Flüsschen Ryck in die Ostsee, genauer den Greifswalder Bodden, mündet. Die Zisterziensermönche, denen einer von Fürst Jaromir I. von Rügen 1199 ausgestellten Urkunde zufolge ergiebige Salzpfannenstellen gehörten, waren also «Mönche am Meer». Dagmar Günther hat einige Kindheits- und Jugendjahre in Greifswald verbracht und die Klosterruine oft besucht, die schon dem Maler Caspar David Friedrich Inspiration war und auf einigen seiner Bilder wiederkehrt.

Ilsa-Marie v. Holtzendorff, geboren 1958, lebte mit ihrer Familie bis 1994 in Angeln in Schleswig-Holstein. Sie ist Mutter von drei Kindern und von Beruf Lehrerin. 1995 konnte sie das ehemalige Gutshaus ihrer Großeltern in Wilsickow, in der Uckermark, von der Gemeinde zurückkaufen. Heute betreibt sie dort zusammen mit ihrem Mann eine Jugendhilfeeinrichtung für 14 Kinder und Jugendliche im Alter von 8 bis 17 Jahren.

Barbara Keller, geboren 1957 in Saarbrücken, studierte Geographie, Ökologie und Botanik in Berlin. Seit 1983 tätig in der Presse- und Öffentlichkeitsarbeit. Die Autorin lebt heute in Düsseldorf, arbeitet als Redakteurin und schreibt und veröffentlicht seit zehn Jahren eigene Geschichten, insbesondere auch für Kinder.

Rainer Meier, geboren 1955 in Köln, lebt als Redakteur in Hamburg und widmet seine Zeit vornehmlich guten Speisen und Getränken oder Jazz.

Barbara Mürmann, wurde 1946 in Goslar am Harz geboren. Heute lebt die Autorin mit Mann und Hund in Hamburg und leitet den kleinen Arezzo-Musikverlag.

Margit Naumann, geboren 1940 in Annaberg, lebt seit 1961 in Wiesbaden. Sie ist Bürokauffrau, verheiratet und hat Zwillinge. Die Autorin schreibt seit 1992 und veröffentlicht Kurzgeschichten und Gedichte, u. a. in der Edition der Brentano-Gesellschaft und in den Francke-Blättern der Franckeschen Stiftungen.

Angelika Pantack, geboren 1955 in einer Kleinstadt namens Werdohl im Sauerland, wo die Mutter zweier erwachsener Töchter heute auch lebt und es nach Feierabend als Chefsekretärin genießt, mit ihrer 15-jährigen Riesenschnauzerhündin im Regen durch Wald und Flur zu wandern. Die Autorin schreibt regelmäßig Kurzgeschichten und Gedichte. Das Schreiben ist für sie eine Bleibe im Sinne von Einkehr, Geborgenheit und Auseinandersetzung.

Susanne Ramthun, geboren 1958, ist Politologin und lebt in Hamburg. Neben ihrer beruflichen Tätigkeit als Rechercheurin, Redakteurin, Texterin und Dokumentarin schreibt sie Kurzgeschichten. Die Autorin hat für ihre Geschichte das Medinger Damenstift besucht, das zu den sechs «Lüneburger Klöstern» gehört, die sich seit dem Mittelalter in der Heide erhalten haben. Architekt war Christian Ludwig Ziegler, Landbaumeister des Kurfürstentums Hannover.

Franz Wilhelm Rellmann, geboren 1945 in der Theaterstadt Meiningen/Thüringen. In Köln machte er eine Ausbildung zum Graphiker. Seit 1968 lebt und arbeitet er in Hamburg. Neben der Arbeit als Graphiker im Werbebereich sind heute seine mit der Kettensäge bearbeiteten Holzskulpturen zum wichtigen künstlerischen Ausdrucksmittel geworden.

Sabine Rheinhold, Jahrgang 1947, hat den Journalismus schon während ihres Studiums der Politik und der Germanistik bei der Zeitung in Berlin gelernt. Die «Achtundsechzigerin» arbeitet seit Beginn der siebziger Jahre für den NDR. Sie hat über ein Jahrzehnt die Sendung «Markt im Dritten» moderiert, ist begeisterte Fernsehmacherin und Fachfrau für Fragen und Antworten vor allen zur Sozialpolitik. Die Autorin ist verheiratet mit dem Stadtplaner Christian Fahrenholtz, hat fünf sehr geliebte Stiefkinder, zwei Enkelinnen und lebt in Hamburg.

Ingrid M. Schäfer, geboren 1950 in Salzgitter, ist gelernte Auslandskorrespondentin und Übersetzerin und lebt heute in Essen. Sie ist eine leidenschaftliche Schriftstellerin, hat über viele Jahre als freiberufliche Autorin für den Westdeutschen Rundfunk in Köln gearbeitet. Die besondere Spezialität der Autorin: humoristische und satirische Kurzgeschichten.

Rita Scheller wurde 1935 in Köslin, dem heutigen Koszalin, geboren. Über Erlangen und Tübingen führte ihre Lebensreise mit Familie nach Hannover. Dort lebt die Historikerin seit 25 Jahren. 1974 erstmals wieder in ihrem Geburtsort, begann sie sich dort zu engagieren. Heute fährt sie jedes Jahr dreimal dorthin und unterstützt den «Helferbund Rita von Gandecker», mit dessen Hilfe eine Diakonie-Station aufgebaut und unterhalten wird.

Dorothee Schöndorf, wurde 1968 in Gießen geboren und wuchs in Köln auf. In Hamburg studierte sie Visuelle Kommunikation an der Hochschule für bildende Künste. Sie drehte Dokumentar- und Essayfilme und ist inzwischen als Schlussredakteurin und Autorin tätig.

Hanjo Seißler, Jahrgang 1940. Gegen seine Überzeugung unstet. Der Freundschaft, der Gerechtigkeit, der Nähe, der Streitbarkeit, dem Lachen und dem Weinen verpflichtet. Pferdescheu, doch mehreren Sätteln gerecht: Polit- und Religionsjournalist, Ghostwriter für Politiker, Künstler und Kirchenleute; Menschen- und Städteporträtist, Dreh- und Kochbuchautor. Motto: Es gibt keine hässlichen Menschen, es sei denn, jemand sieht so aus, wie er denkt.

Kristine Freifrau von der Trenck, wurde 1952 in Itzehoe geboren. Sie besuchte das Gymnasium und absolvierte die Ausbildung zur Keramikerin. 1977 machte sie sich selbständig. 1986, nach Meisterkursus und vierjähriger Mitarbeit als Juniorchefin der elterlichen Kellinghusener Fayence-Manufaktur, schloss sich eine zusätzliche Ausbildung als Journalistin an. Sie arbeitete unter anderem auch als freie Mitarbeiterin beim NDR-Hörfunk. Neben ihrer Tätigkeit als freischaffende Künstlerin engagierte sie sich in Jugendarbeit und Politik. Seit 1998 leitet sie die international bekannten «Kellinghusener Fayencen und Keramik Wilhelm von der Trenck».

Margot Verweyen, geboren 1932 in Neuss und dort lebend, nach 20-jähriger Arbeit als Schulsekretärin immer noch mit Engagement dem Schreiben verbunden. Durch die in Nigeria lebende Tochter dem Land und den Menschen dort verbunden und an der Idee arbeitend, über diese Kontaktbrücke ein Projekt zu verwirklichen.

Irene Wegmann, Jahrgang 1952, seit 24 Jahren in Hann.-Münden lebend, verheiratet mit einem Kriminalbeamten, hat drei Kinder. Die Autorin ist gelernte Fremdsprachenkorrespondentin und nach einer Familienpause als Verwaltungsangestellte tätig. Sie ist ein absoluter Bücherwurm mit viel Spaß am Schreiben und Reisen.

Rezepte

Literaturhinweise

Bibelkuchen und Nonnenküsschen. Kulinarische Klosterküche. Kochen für Körper, Geist und Seele. *Renate Tautenhahn, München 1997*

Der Holm – Schleswigs alte Fischerinsel. *Holger Rüdel, Druck- und Verlagsgesellschaft Husum*

Geheimnisse der Klosterbrauerei. Bierige Koch- und Heilrezepte aus dem Kloster Andechs. *Pater Anselm Bilgri, Peter K. Köhler, Birgit Adam, Augsburg 1998*

Himmlisches aus der Klosterküche. *Edition XXL, Reichelsheim 2000*

Karmel – Wege in Innenräume. *Veronika E. Schmitt, Würzburg*

Köstliches aus alten Kloster- und Pfarrküchen. *Erna Horn, Gütersloh 1983*

Kochen für Leib und Seele. Das Kloster Andechs-Kochbuch. *Pater Anselm Bilgri u. Klaus Wilhelm Gérard*

Kulturgeschichte des Essens. *Reay Tannahill, Wien 1973*

Schlemmen hinter Klostermauern. *Norman Foster, Hamburg 1980*

Schlemmereien aus der Klosterküche. *Marc Meneau u. Annie Caen, München 2001*

Von Klöstern und Mönchen im Angelland. Historische Erzählungen von Johannes Thomsen. *Druck und Verlag «Schleswiger Nachrichten»*